Craig Beck

Alkohol hat mich belogen
Der intelligente Ausstieg aus der Alkoholabhängigkeit

Deutsche Übersetzung von
Robert W. Boukal

1. Auflage 2013

| Craig Beck | Umschlag-& Innenlayout:
Alkohol hat mich belogen | Lavinia Kamphausen
Lektorat, Korrektorat: | & Kirstin Dreimann,
Otmar Fischer | tao.de, Bielefeld
Übersetzung: | Umschlagfoto: ©antifalten /
Robert W. Boukal | photocase.com

Printed in Germany

Verlag:
tao.de in J. Kamphausen Verlag und Distribution GmbH,
Bielefeld, www.tao.de, eMail: info@tao.de

Verlagsrecht des englischen Originals bei Viral Success Limited.

Bibliografische Information der Deutschen Nationalbibliothek:
Die Deutsche Nationalbibliothek verzeichnet diese Publikation in der
Deutschen Nationalbibliografie; detaillierte bibliografische Daten sind im
Internet über http://dnb.d-nb.de abrufbar.

ISBN: 978-3-95529-164-8

Das Werk, einschließlich seiner Teile, ist urheberrechtlich geschützt.
Jede Verwertung ist ohne Zustimmung des Verlages unzulässig. Dies gilt
insbesondere für die elektronische oder sonstige Vervielfältigung,
Übersetzung, Verbreitung und sonstige Veröffentlichungen.
Dieses Buch gibt die persönliche Erfahrung des Autors wieder. Das Buch
beabsichtigt nicht, die Stelle einer professionellen Betreuung einzunehmen,
sondern beschreibt ein Programm, das unter der fachkundigen Aufsicht
eines Arztes oder sonstigen qualifizierten Gesundheitspersonals erfolgen
soll. Das Urheberrecht des folgenden Inhaltes liegt bei Craig Beck Media,
einem Geschäftsbereich der Viral Success Limited 2003–2013.
© The Strong Force Ltd.
„Alkohol hat mich belogen" von Craig Beck ist auch als Hörbuch bei
erstklassigen Online-Vertrieben wie Audible, Amazon und iTunes erhältlich.

Inhalt

Einleitung 7
Kapitel 1: Haben Sie ein Problem mit Alkohol? 9
Kapitel 2: Leugnen ist ein Problem 25
Kapitel 3: Wo liegt die Kraft? 39
Kapitel 4: Sie sind nicht allein 53
Kapitel 5: Alkohol – unsere Lieblingsdroge 59
Kapitel 6: Wer sich mit Hunden schlafen legt 71
Kapitel 7: Schwellenmomente 81
Kapitel 8: Die Abhängigkeit überwinden 95
Kapitel 9: Der Preis des Trinkens 103
Kapitel 10: Das Ungleichgewicht korrigieren 109
Kapitel 11: Das Ego kontrollieren 119
Kapitel 12: Mit dem Entzug umgehen 129
Kapitel 13: F.A.Q. 139
Kapitel 14: Das Unterbewusstsein neu programmieren 145

Einleitung

Craig Beck ist ein angesehener Familienvater mit zwei Kindern, einem wunderschönen Zuhause und einer erfolgreichen Medienkarriere; er ist Geschäftsführer mehrerer Firmen und leitete in der Vergangenheit zudem eine große Wohlfahrtsorganisation für Kinder. Craig war trotz seiner Angewohnheit, allabendlich zwei Flaschen Wein zu trinken, ein erfolgreicher und funktionsfähiger Geschäftsmann. Zwanzig lange Jahre kämpfte er mit dem Problemtrinken und lehnte es stets ab, sich als Alkoholiker zu bezeichnen, da er fest davon überzeugt war, nicht dem Klischee zu entsprechen, das diese Bezeichnung suggeriert.

Er unternahm unzählige Versuche, seinen Alkoholkonsum einzuschränken; er probierte „trockene Monate", verbot sich harte Getränke, nahm sich vor, nur an Wochenenden oder zu speziellen Anlässen zu trinken (und fand es dabei erstaunlich, wie der belangloseste Anlass plötzlich speziell werden kann).

All diese auf Willenskraft aufgebauten Versuche, mit dem Trinken aufzuhören, schlugen fehl (genauso, wie es zu erwarten war). Allmählich kam er der Wahrheit hinter der Alkoholabhängigkeit auf die Spur, und langsam brach eine Lüge nach der anderen in sich zusammen, an die er so lange geglaubt hatte. Zum allerersten Mal hatte er das aufrichtige und echte Bedürfnis, nicht mehr zu trinken. In diesem Buch wird Sie Craig Beck durch genau diesen bemerkenswerten Prozess führen.

Die Craig Beck Methode ist einzigartig...
- Es gibt keine Notwendigkeit, sich als Alkoholiker zu bezeichnen.
- Dauerhafte Heilung anstelle eines lebenslangen Kampfes.
- Keine Gruppensitzungen oder teure Entzugskliniken.
- Keine Demütigungen, kein Schmerz, und es ist hundertprozentig keine Willenskraft erforderlich.
- Es wird die Ursache des Problems behandelt und nicht dessen Symptome.

Kapitel 1:

Haben Sie ein Problem mit Alkohol?

D ie meisten Menschen nehmen dieses Buch zur Hand und haben dabei die Frage „Habe ich ein Problem" im Kopf. Einige unter ihnen hegen die Hoffnung, das Buch werde ihnen den Rückschluss erlauben, dass sie absolut nichts falsch machen, und somit einen Freibrief für das unbekümmerten Fortsetzen ihrer Gewohnheit erhalten. Andere hingegen sind sich bewusst, dass sie bereits die Kontrolle verloren haben, und suchen Hilfe, um mit dem Trinken ein für alle Mal aufzuhören und dann trocken zu bleiben. Wie wir alle wissen, ist das Aufhören der einfache Teil der Übung. Das wirkliche Problem liegt darin, dauerhaft keinen Alkohol mehr anzurühren.

Also wollen wir diese Frage beantworten: Haben Sie wirklich ein Problem mit Alkohol? Die Antwort lautet Ja, denn es gibt eigentlich niemanden, der trinkt und kein Problem hat. Alkohol ist selbst ein Problem und keine Lösung für Probleme (wie viele glauben). Sollte daher diese Substanz „in irgendeiner Form" eine Rolle in Ihrem Leben spielen, dann haben Sie tatsächlich ein Problem. Wie Sie in diesem Buch entdecken werden, ist Alkohol ein süchtig machender Giftstoff, in attraktive Flaschen abgefüllt, mit Hilfe von milliardenteurer Werbung vermarktet und so tief in der Kultur der Menschen verwurzelt, dass wir ihn nicht mehr als das erkennen können, was er wirklich ist.

Die Gesellschaft würde diese Eingangserklärung mit ziemlicher Sicherheit als Dramatisierung bezeichnen, und Ihre alkoholtrinkenden Freunde würden mir nahelegen, nicht dermaßen melodramatisch zu sein. Wahrscheinlich werden sie einwenden, dass es weltweit Millionen von Menschen spielend schafften, verantwortungsvoll mit Alkohol umzugehen, und dass er deren Leben nicht im Geringsten negativ beeinflusse. Und einige könnten sogar noch weitergehen und behaupten, dass der gelegentliche Drink sogar ihr Leben verschönere und aufwerte. Allerdings ist das Gegenargument zu meinem Eröffnungs-Gambit nur stichhaltig, wenn man die Tatsache außer Acht lässt, dass der Alkohol ein Giftstoff ist, der aus einem Nebenprodukt verfaulender pflanzlicher Stoffe hergestellt wird – also in Flaschen abgefüllter Tod. Wie kann jemand ernsthaft behaupten, dass der gewohnheitsmäßige Konsum eines Giftstoffes eine positive Eigenschaft mit sich bringe? Wenn Sie den Stoff Alkohol in diesem Argument durch ein anderes Gift ersetzen, beispielsweise durch Arsen, erkennen Sie sofort, wie unlogisch die Aussage wird. Würden Sie sagen, dass jemand, der nur hin und wieder Arsen zu sich nähme, ein geselliger Konsument dieser Chemikalie wäre? Und dennoch tun wir genau das mit dem Alkohol, nur weil er zu einem festen Bestandteil unserer Kultur geworden ist und wir ihn nicht mehr als das Gift wahrnehmen, das er ist.

Erst wenn Ihnen klar geworden ist, dass *der Kaiser vollkommen nackt* und Alkohol nichts von dem ist, was uns die

Werbung vormacht, erst dann können Sie mit der Demontage der verbreiteten Irrtümer um den Genuss von Alkohol beginnen. Man spricht von diesen normalen und geselligen Trinkern, Menschen, die auf Partys und zu geselligen Anlässen Alkohol trinken, aber ihn offenbar nicht brauchen, um normal zu funktionieren. Natürlich, selbst der schwerste Alkoholiker war einst das, was wir als „geselligen Trinker" bezeichnen würden. Bevor bei ihm die Alkoholismusfalle zugeschnappt ist, galt er als genauso normal wie jeder andere. Und die armen Problemtrinker sahen ihn an und fragten sich, warum nicht auch sie fähig sind, einfach nur gesellig zu trinken.

Und so setzt sich der Kreislauf fort. Die, die nur in Gesellschaft trinken, werden allmählich zu alkoholabhängigen Problemtrinkern; sofort sind sie in den Augen der Gesellschaft nicht mehr „normal", sondern gelten als willensschwache, bemitleidenswerte traurige Menschen, die aus welchem Grund auch immer nicht in der Lage sind, ein Suchtgift kontrolliert zu konsumieren. Alkohol ist vieles, aber er ist keines dieser angeberischen Dinge, die das Leben bereichern – wie wir sie aus der Werbung kennen und aus Lügenmärchen, die von Generation zu Generation überliefert werden.

Wir glauben, dass eine Party erst mit Alkohol so richtig in Schwung kommt, und am nächsten Tag erzählen wir von dem tollen Abend, den wir hatten, doch mit Worten, die ein Desaster beschreiben: Wir starren aus blutunterlaufenen Augen, unsere Zunge fühlt sich an wie der Hackklotz eines Metzgers, und fröhlich berichten wir, wie wir uns letzte Nacht vernichtet, gemetzelt, zerstört oder uns in die Tonne gekübelt haben, und das soll anscheinend bedeuten, dass uns etwas Gutes widerfahren ist.

Das Alkoholmarketing möchte Sie glauben machen, dass Sie nur das attraktiv verpackte Gift ihrer Marke zu trinken brauchen, um der nächste Brad Pitt oder die nächste Elle McPherson zu werden. In der Realität wissen wir aber genau, wie ein Betrunkener auf uns wirkt, vor allem, wenn wir nüchtern sind. Für Männer wie für Frauen gibt es wahrscheinlich kaum Abstoßenderes als jemanden, der auf sie zukommt, nach Fusel stinkt und sie blöd anlallt, während ihm der Speichel aus den Mundwinkeln rinnt. Vergessen Sie das Gerede der Werbung; einvernehmlichen Sex haben können Sie im betrunkenen Zustand nur, wenn Sie jemanden finden, der mindestens genauso betrunken ist wie Sie. Macht es Sie wirklich zum Sexsymbol, wenn Sie eine Droge brauchen, um das andere Geschlecht dazu zu bringen, mit Ihnen zu schlafen?

Je mehr Sie darüber nachdenken, was Sie tun, umso lächerlicher erscheint es. Und eines haben Sie sicher auch bereits gehört: Wenn Sie es sich übrigens leisten können, für Ihren Alkohol astronomische Summen auszugeben, macht Sie das zum Connaisseur; zu jemandem, der die schönen Dinge des Lebens zu schätzen weiß. Hören Sie mal einem Weinkenner zu, wenn er über den letzten Bordeaux-Jahrgang spricht, und Sie werden meinen, es drehe sich um in Flaschen abgefüllten Sex. Da ist die Rede von einer verführerischen Nase und einem robusten Körper mit einem Hauch von dunkler Schokolade und von Beeren. Wie Sie später in diesem Buch erfahren werden, ist es allein unser Ego, das die Illusion von Vornehmheit schafft, um eine schlechte Angewohnheit schönzureden und sie beizubehalten (um sich besser zu fühlen oder aber einen selbsterzeugtem Schmerz zu lindern). Intelligente und wohlhabende Menschen haben damit einen Weg gefunden, einem stinknormalen Drogenproblem den Anschein von Akzeptanz und Snobismus zu verleihen.

Als ich noch getrunken habe, war ich genauso dieser Illusion eines gehobenen Lebensstils verfallen, die mit dem Alkohol einhergeht. Ich hatte mir selbst erlaubt zu glauben, kein Problemtrinker zu sein, wenn ich das Rituals der Weinkenner praktizierte: sorgfältig eine sehr teure Flasche Wein aus meinem temperierten Keller auszuwählen, die kostbare Flüssigkeit in eine erlesene Kristallkaraffe zu dekantieren und das Glas gegen das Licht zu erheben, um die satte Farbe und das reiche Aroma des Weins zu bewundern. Ich war ein Experte, der ein Kunstwerk bewunderte Einige dieser Kunstwerke kosteten mich um die 500 Dollar pro Flasche.

Ja, manchmal mussten wir auf den Familienurlaub verzichten, um Geld zu sparen. Wie zu vermuten ist, blieb mein Weinkeller stets von Sparmaßnahmen ausgenommen. Für meinen Weinkeller war auch bei angespannter Finanzlage immer Geld da. So weit ging mein Wahn, und schließlich war ich so weit dass ich die teuren Flaschen, die ich mir ursprünglich angeschafft hatte, um damit vor meinen Freunden anzugeben, nach einem harten Arbeitstag tatsächlich für mich allein öffnete, wobei ich mir einredete, ich hätte es redlich verdient, mir dieses flüssige Gold zu gönnen. Sie sollten Papa nicht stören, sagte meine damalige Frau den Kindern, wenn sie abends zu mir in den Keller kommen wollten, um mir aufgeregt von ihren Erlebnissen in der Schule zu berichten. Ich war bloß ein Trunkenbold, der sich in seinem Weinkeller selbst belog. Ich schlürfte hörbar vom edlen Gesöff, um den Wein zu belüften, und führte genau Protokoll über die Verkostung. Oh ja, ich war ein Connaisseur höchsten Grades. Ich konnte es selbst mit den erfahrensten Weinkritikern aufnehmen.

Eines Freitagsabends führte ich meine damalige Frau Denise in ein schönes französisches Restaurant aus, wo wir uns etwas gönnen wollten (natürlich fuhr sie den Wagen, sie fuhr immer). Als wir das elegant beleuchtete Restaurant betraten, bemerkte mich der Sommelier. Sein Gesicht erhellte sich, er zeigte ein strahlendes Lächeln. Er eilte zu uns, begrüßte mich herzlich, gab mir die Hand und erkundigte sich nach meinem Wohlbefinden. Meiner Frau nickte er zur Begrüßung lediglich kurz zu, bevor er uns zum besten Tisch des Hauses geleitete. Noch ehe wir uns setzen konnten, informierte er mich, dass diese Woche soeben eine Lieferung des 2003er Chateau Pontet Canet eingetroffen sei. Der sei einfach göttlich, versicherte er, als er davonging, um eine Flasche zu holen.

Denise warf einen Blick in die Weinkarte: Dieser besondere Jahrgang kostete 350 Dollar die Flasche. Sie sah mich mit einem dieser Blicke an, es waren keine Worte nötig. Ich wusste, woran sie dachte. Unsere Kinder brauchten neue Schuluniformen, und du willst das Geld für eine einzige Flasche Wein ausgeben. Als mir der Weinkellner stolz das Etikett präsentierte, sagte ich ihm, der Wein sei doch ein wenig zu teuer. Er nickte mit einem Lächeln, aber bedachte meine Frau mit einem kurzen missbilligenden Blick. Er wusste, ich wäre ein leichtes Opfer für ihn gewesen, aber da war eben die lästige Stimme der Vernunft anwesend, die es verdorben hatte. Er empfahl eine günstigere, aber immer noch teure Alternative und schenkte zwei Gläser ein, während wir unsere Appetithäppchen genossen.

Als unsere Gläser fast leer waren, kam er mit einigen weiteren dickbauchigen Gläsern daher, jedes mit einem tiefroten, schweren Wein etwa daumenbreit gefüllt, und stellte sie vor mir ab. Zum Ärger meiner Frau und zu meiner Überraschung zog er einen Stuhl heran und setzte sich zu uns. Dabei wandte er Denise den Rücken zu und schob mir das erste Glas hin.

„Ich würde gern Ihre geschätzte Meinung hören, Mr. Beck. Die gehen aufs Haus, sagen Sie mir einfach, was Sie denken", sagte er mit einem verschmitzten Lächeln. Hätte er in dem Moment den Gesichtsausdruck meiner Frau gesehen, wäre er wohl kaum so gut gelaunt geblieben.

Ich hätte bemerken müssen, dass der Kerl im Begriff war, unser romantisches Abendessen bei Kerzenlicht zu verderben. Als solches hatte ich es natürlich nicht geplant, es war lediglich eine abendliche Aktivität, durch die ich nicht am Trinken gehindert wurde. Ich hätte mit meiner Frau auch ins Theater gehen können, dann hätte ich allerdings nur vor Beginn der Aufführung und während der Pause trinken können. In einem Restaurant hingegen war die Versorgung mit Alkohol jederzeit gewährleistet. Doch es war zu spät; mein Ego war schon angesprungen. Ich war geschmeichelt, als ein solcher Experte zu gelten, dass der erfahrene Weinkellner auf mein Urteil dermaßen Wert legte. Ich fühlte mich unglaublich bedeutend, und mein Ego hatte die Stufe zehn auf der Wohlfühlskala erreicht. Ich hob das gewaltige Glas, balancierte es auf der Handfläche und begann mit dem Schauspiel, das wir Weinkenner aufführen, wenn wir unsere Lieblingsdroge konsumieren. Ich schlürfte gut hörbar, umspielte den aufgenommenen Schluck mit der Zunge, prüfte die Farbe gegen das Kerzenlicht und verkündete mein Urteil. „Bravo!", jubelte er, beinahe schwindlig über meine Zustimmung. Sogleich schob er mir ein weiteres Glas hin, und noch eins, und noch eins, bis etwa eine halbe Stunde vergangen war. Ich weiß nicht, wie viel ich von dem außergewöhnlich teuren Wein schließlich gratis getrunken hatte, aber Himmel – was für ein grandioser Abend war das!

In Hochstimmung (und betrunken) kam ich nach Hause und jubelte, welch vorzügliche Behandlung uns zuteil geworden sei. Meine Frau sah mich missbilligend an und ging die Treppe hoch zu Bett. Sie verlor kein Wort über den Abend, bis zu dem Moment, als ich vorschlug, wieder einmal dieses Restaurant aufzusuchen. Ihre Erinnerung an den letzten Besuch schien in direktem Gegensatz zu meiner zu stehen. Sie sprach von dem unhöflichen und dilettantischen Kellner, der sie den ganzen Abend ignoriert und sich meine Aufmerksamkeit damit gesichert habe, um sie mit seinem Gequatsche über seinen Weinkeller zu Tode zu langweilen. Ihre Schilderung der Szene schockierte mich. Sie war völlig anders, als ich das Ganze erlebt hatte. Mir schien sogar, als spräche sie von einem komplett anderen Anlass, den sie mit sonst jemandem besucht hatte. Ich hätte ihr eher zugetraut, eine Affäre zu haben, als dass sie all die freien Getränke an dem Abend nicht genossen hätte.

Natürlich war ihre Erinnerung an den Abend nicht durch große Mengen bewusstseinsverändernder Drogen getrübt. Sie hatte Recht, und ich war nur ein Problemtrinker, der einen Vorwand für seine Abhängigkeit gefunden hatte. Jeden Abend trank ich ein bis zwei Flaschen teures, attraktiv verpacktes Gift, hatte es aber geschafft, mir vorzumachen, dass daran nichts falsch sei. Ich konnte kein Problem haben, denn ich war ja wohl nicht mit den Alkoholikern im Park gleichzusetzen, die sich superstarkes Dosenbier reinziehen.

Denn ich kaufte und genoss den Trank der Könige, was ein Indiz für meine gehobene gesellschaftliche Stellung war, nicht aber für Drogenabhängigkeit. Schwachsinn! Ob Sie denselben Vorwand benutzen wie ich oder sich einen gänzlich anderen zurechtgelegt haben, es ist Schwachsinn und sonst nichts. Je eher Sie aufwachen und sich das eingestehen, umso besser. Es ist egal, ob Sie ein billiges Gesöff oder teuren Wein trinken, es läuft immer auf das Gleiche hinaus. Alkohol bringt genauso viele gebildete und wohlhabende Menschen um wie arme und benachteiligte. Er schert sich nicht darum, wie viel Geld Sie für Ihre Sucht ausgeben. Der Pathologe wird Sie nicht eines Tages aufschneiden und feststellen, dass Sie an einem guten und korrekten Leberversagen gestorben sind, da Sie nur das piekfeine Zeug und nicht den schrecklichen, billigen Fusel getrunken haben.

Ich möchte zitieren, was die Weltgesundheitsorganisation zu Ihrer Lieblingsdroge sagt, und Sie anschließend fragen, ob an irgendeiner Stelle von der Art oder der Qualität des konsumierten Alkohols die Rede ist:

Der schädliche Gebrauch von Alkohol ist ein weltumspannendes Problem, das sowohl die persönliche wie auch die gesellschaftliche Entwicklung gefährdet. Er führt zu 2,5 Mio. Todesfällen pro Jahr. Alkohol ist der weltweit dritthäufigste Risikofaktor für frühzeitige Sterblichkeit, Behinderungen und Verlust der Gesundheit. Er ist der größte Risikofaktor im westlichen Pazifik und in Nord- und Südamerika und der zweitgrößte in Europa. Alkohol ist verbunden mit der Entwicklung von gesellschaftlichen Problemen wie Gewalt, Vernachlässigung und Kindesmisshandlung sowie Arbeitsunfähigkeit. Er schädigt den Trinker weit über dessen physische und psychische Gesundheit hinaus. Er beeinträchtigt das Wohlergehen und die Gesundheit seines sozialen Umfelds. Eine betrunkene Person kann andere schädigen oder sie dem Risiko von Verkehrsunfällen oder Gewalttaten aussetzen und kann Arbeitskollegen, Verwandte, Freunde oder fremde Personen in Mitleidenschaft ziehen. Somit hat die schädliche Anwendung von Alkohol tiefreichende Konsequenzen für die Gesellschaft.

Hören Sie auf sich vorzumachen, Sie seien als Konsument edler alkoholischer Getränke Teil von etwas Größerem oder Mitglied eines besonderen elitären Clubs. Eine Flasche Wein jeden Abend macht Sie um nichts besser als den fuseltrinkenden Obdachlosen im Park. Ihre Flasche mag vielleicht ein schöneres Etikett haben, das Gift in der Flasche bleibt das Gleiche.

Viele meinen, sie könnten die Anzeichen eines Problems früh genug erkennen und einfach aufhören. Die Tatsache, dass sie diesen Unsinn als Sicherheitsnetz auch nur in Betracht ziehen, ist Beweis genug dafür, dass die Mausefalle bereits ausgelöst ist. Als dächte die Maus, sie habe noch Zeit, dem todbringenden Metallbügel der Falle zu entkommen. Beim Problemtrinker ist das der Kardinalfehler, denn das von einer tödlichen Schädigung am meisten betroffene Organist die Leber. Dieser einzigartige Körperteil ist ein natürliches Wunderwerk. Dieses eine Organ ist für hunderte Vitalfunktionen eines gesunden menschlichen Körpers verantwortlich. Es ist so wichtig, dass es die Fähigkeit besitzt, sich zu regenerieren, und noch funktioniert, wenn seine Oberfläche zu siebzig Prozent geschädigt ist. Nun werden Sie einwenden: Warum sollte jemand noch weitertrinken, wenn er seine Leber bereits in einem solchen Ausmaß geschädigt hat? Das Problem ist, dass die Leber nur sehr wenige Nervenendigungen besitzt und Sie deshalb eine eingetretene Schädigung gar nicht spüren. Erst wenn das Organ durch den Missbrauch so anschwillt, dass es auf andere empfindlichere Bereiche im Bauchraum Druck ausübt, bemerkt der Suchtkranke, dass etwas nicht stimmt, und beginnt, sich ernste Sorgen zu machen, dass er sich geschädigt haben könne.

Ich bin sicher, Sie werden einsehen: Wenn ein menschliches Organ dermaßen angeschwollen ist, dass es so auf andere Körperteile drückt, dass es wehtut, muss es sich bereits in einem fürchterlichen Zustand befinden. Leider erwägten manche Menschen erst dann, einen Arzt aufzusuchen, zögern aber noch aus Angst davor, der Arzt könnte (Gott bewahre!) darauf bestehen, dass sie augenblicklich mit dem Trinken aufhören. Erst wenn sie vor Schmerzen nicht mehr schlafen können und der Gang zum Arzt unvermeidlich wird, lassen sie die entsprechenden Untersuchungen machen. An diesem Punkt erfahren viele dann, dass der Schaden irreparabel und der einzige Ausweg eine Lebertransplantation ist.

Na, dann bekommen Sie eben eine neue Leber, und alles ist in Ordnung, nicht wahr? Falsch! Gegenwärtig warten in den Vereinigten Staaten rund 18.000 Menschen auf eine neue Leber. Wo werden Sie wohl auf die Warteliste gesetzt neben dem Kind, das mit einer schadhaften Leber zur Welt kam, oder der Frau, die bei einem Autounfall schwer verletzt wurde? Im weltweiten Gesundheitswesen genießen Menschen wie Sie, die beschlossen haben, eine funktionierende Leber zu zerstören, nicht gerade große Sympathie. Außerdem geht man davon aus, dass Sie auch die Spenderleber missbrauchen, und so werden Sie die Spitze der Warteliste niemals erreichen.

So subtil wirkt die Droge, dass Problemtrinker niemals den präzisen Moment wahrnehmen, in dem sie die Kontrolle verlieren und abhängig werden. Und es ist absolut sinnlos, herausfinden zu wollen, wann genau man von einem geselligen Giftkonsumenten zu einem süchtigen Giftkonsumenten wird. Fest steht nur, dass jeder „gesellig" alkoholtrinkende Mensch die Mausefalle im Augenblick seines allerersten Schlucks unabsichtlich spannt. Einige werden durch den Mechanismus zerstört, andere mögen vielleicht keinen Schaden davontragen. Aber der einzig wahre Weg, nicht erschlagen zu werden, ist der, nicht am Käse zu naschen und sich vor allem von der Falle fernzuhalten.

Jeder, der Alkohol trinkt, sitzt bereits in der Falle. All jene Fremden, Freunde oder Kollegen, von denen Sie annehmen, sie stünden über Ihnen, da sie anscheinend ein zwangloses Verhältnis zum Alkohol haben, sind wie Mäuse, die keinen Schimmer von der drohenden Gefahr haben. Für sie kann die Falle nächste Woche, nächstes Jahr, erst in zehn Jahren oder vielleicht nie zuschnappen. Solange sie weiter die süchtig machende Droge Alkohol konsumieren, tanzen sie jedenfalls auf dünnem Eis, und man weiß ja, was geschieht, wenn das Eis bricht.

Die Gesellschaft unterscheidet sehr wohl zwischen Menschen, die nur einige Flaschen Wein pro Woche trinken, und solchen, die sich täglich besaufen. Diese werden als alkoholkrank beschrieben, als Alkoholiker abgestempelt und in wohlmeinenden Selbsthilfegruppen gezwungen, sich auch so zu nennen. Ihnen wird gesagt, ihr Zustand sei unheilbar und sie hätten sich für den Rest ihres Lebens bestenfalls als „sich erholende" Alkoholiker zu betrachten. Vielleicht kann dieses trostlose und bedrückende Ritual erklären, warum 95 Prozent der Betroffenen, die sich an Organisationen wie die Anonymen Alkoholiker wenden, es nicht schaffen, mit dem Trinken aufzuhören. Dieses Buch wurde keinesfalls geschrieben, um die Bemühungen dieser Organisation oder irgendeine andere Methode herunterzumachen. Denn für die fünf Prozent der Menschen, die mithilfe der **Big Book theory of alcohol cessation** tatsächlich dem Teufelskreis entkommen, ist der Lohn der Anstrengungen wahrlich lebensverändernd.

Der Grund, warum bei den meisten das Konzept der Anonymen Alkoholiker nicht funktioniert, liegt darin, dass von den Menschen „Willenskraft" verlangt wird, um mit dem

Trinken aufzuhören. Der Begriff der Willenskraft ist ein Widerspruch in sich: Es steckt keinerlei Kraft in der Willenskraft. Ich werde das später erklären. Das Trinken von Alkohol ist dem Jonglieren mit Fackeln sehr ähnlich. Auch dort sind die Chancen, sich zu verbrennen, recht groß; mit dem Unterschied, dass man den Jongleur mit den Brandblasen wohl kaum als unheilbaren „Feuerholiker" bezeichnen würde. Eher würde man sagen, dass er sich unglücklicherweise durch das Spiel mit einer Substanz verletzt hat, deren nicht sachgerechter Gebrauch gefährlich ist. Feuer zu etwas anderem als zum Kochen und Heizen zu verwenden ist eine unsichere Tätigkeit (weshalb wir unseren Kindern ja das Spielen mit Streichhölzern untersagen). Alkohol zu etwas anderem als seinem chemischen Zweck entsprechend zum Desinfizieren oder als Treibstoff zu verwenden, kann ebenso wenig gutgehen. Und wenn es dann den unvermeidlichen Ärger gibt, schieben wir die Schuld auf die Person und nicht auf die Substanz, die den Schaden verursacht hat.

Sie sind weder Alkoholiker, noch sind Sie willensschwach oder leiden unter einer suchtanfälligen Persönlichkeit. Sie sind nichts davon; über 80 Prozent der Menschen in der westlichen Welt konsumieren Alkohol, und von diesen haben 80 Prozent bereits die Kontrolle darüber verloren.

Vielleicht fällt es Ihnen schwer das zu glauben, wenn Sie die immer wieder gesendeten glanzvollen Werbespots über den neuen „Designer-Wodka" im Fernsehen verfolgen. Für den Erfolg einer Party scheint Alkohol das „Salz in der Suppe" zu sein, wenn er nicht überhaupt der Anlass für die Party ist. Alkohol ist möglicherweise die gefährlichste und trügerischste Droge der Welt. Finden Sie das übertrieben? Im weiteren Verlauf unserer gemeinsamen Reise werde ich Ihnen aufzeigen, warum das nicht der Fall ist.

Ich sage Ihnen hier und jetzt: Sie sind höchstwahrscheinlich nicht allein. Abertausende Menschen verlieren genau wie Sie jeden Tag die Kontrolle über Alkohol. Dieser kleine Drink, der Ihnen abends beim Entspannen nach einem anstrengenden Tag hilft, oder das schnelle Bier unter Freunden haben sich unmerklich von einem „Ich kann trinken" in ein „Ich muss trinken" gewandelt. Wie alle Probleme mit dem Trinken geschieht das nicht über Nacht. Sie wachen nicht eines Morgens plötzlich auf und sind Alkoholiker. Das Problem entsteht langsam und allmählich im Verlauf von fünf bis 20 Jahren. So langsam, dass Sie es unmöglich kommen sehen. Es liegt in der Natur der bösartigen, trügerischen Droge, dass es anfänglich keine negativen Symptome gibt, die auf ein ernsthaftes Problem hindeuten. Tatsächlich ist es so, dass sich zu Beginn des langen Kampfes mit dem Alkohol zunächst sogar eine Reihe vermeintlich positiver Eigenschaften einstellt. Problemtrinker im Frühstadium fühlen sich dynamisch, selbstsicher und unbeschwert, wenn sie trinken. Schließlich werden sie als Menschen wahrgenommen, die mit dem Trinken gut umgehen können, als wäre das ein positiver Charakterzug, auf den man stolz sein darf. Sie gelten oft als jene Partylöwen, die jedem Anlass erst den richtigen Schwung geben. Während also die Chemikalie Alkohol Ihr Gehirn bearbeitet, kümmern sich Ihre Freunde und Kollegen um das Aufpolieren Ihres Ego – in der Tat eine starke Kombination.

Viele Menschen kaufen dieses Buch, um nicht mit dem Trinken aufzuhören, sondern um sich selbst oder sogar den besorgten Familienmitgliedern zu bestätigen, dass sie eben kein Alkoholproblem haben. Wenn Sie wollen, kann ich Sie für den folgenden Abschnitt in Watte packen und noch einige Kapitel lang um den heißen Brei herumgehen, aber kommen wir doch gleich auf den Punkt. Sie können dann

Kapitel 1: Haben Sie ein Problem mit Alkohol?

entscheiden, ob Sie mit mir übereinstimmen oder nicht. Lassen Sie mich Ihnen einige Fragen stellen:

„Haben Sie jemals Ihren Tagesablauf danach geplant, ob Alkohol verfügbar ist?"

„Haben Sie jemals für sich Trinkregeln aufgestellt, wie z.B.: „Ich trinke nur Bier und lasse die harten Sachen weg?"

„Hat Sie jemals jemand kritisch auf Ihre Trinkgewohnheiten angesprochen?"

„Haben Sie jemals versucht, mit dem Trinken aufzuhören oder es einzuschränken, und sind damit gescheitert?"

Sollten Sie, mein Freund, nur auf eine der Fragen mit Ja geantwortet haben, haben Sie ein Alkoholproblem. Ich aber nenne Sie bewusst keinen Alkoholiker, da ich Ihre automatisch konditionierte Abwehrreaktion auf einen solch unverschämten Angriff auf Ihre Person bereits kenne. Es ist vollkommen gleichgültig, wie offensichtlich das Problem oder die Symptome sind; wenn man jemanden als Alkoholiker bezeichnet, wird sofort gekontert mit „Mach mal halblang, Meister. Ich weiß, ich trinke ein wenig zu viel, aber ich bin deswegen noch lange kein Alkoholiker". Ich verstehe den Einwand nur zu gut, denn obwohl ich fast zehn Jahre lang täglich zwei Flaschen Wein und am Wochenende zusätzlich eine Flasche Whiskey konsumiert habe, habe ich mich stets geweigert, mich als Alkoholiker zu bezeichnen. Und bis heute lehne ich die Bezeichnung kategorisch ab, so wie dies auch andere tun, die mit meiner Methode das Trinken aufgegeben haben. Sie sind ebenso wenig Alkoholiker, wie einer, der sich ständig am Kopf kratzt, ein „Kratzoholiker" ist. Alkoholmissbrauch ist das Symptom eines Problems und nicht das Problem selbst.

Viele Menschen sehen in einem Alkoholiker einen ungepflegten, derangierten Schnapsbruder, der alles verloren hat. Aber es gibt auch solche Leute, auf welche die medizinische Diagnose der Alkoholabhängigkeit exakt zutrifft, die einen Job, ein Haus und eine Familie haben und in der Gesellschaft bestens funktionieren. Trinker dieses Typs werden als funktionale Trinker (oder Problemtrinker, ganz wie Sie wollen) bezeichnet. Sie fehlen wegen ihrer Trinkgewohnheiten nicht bei der Arbeit oder anderen Terminen, obzwar es das eine oder andere Mal schon vorkommen kann. Sie tun sich für gewöhnlich sogar in ihren Jobs und Karrieren hervor. Sie sind typischerweise fachlich versiert und geistreich und haben in vielen Lebensbereichen Erfolg. Auf alle Menschen wirken sie vollkommen normal, bis auf die, die ihnen am nächsten stehenden.

Ich kenne diese Menschen, denn ich war einer von ihnen.

Kapitel 2:
Leugnen ist ein Problem

*E*iner der Hauptgründe dafür, dass Alkoholiker Hilfe für ihr Problem suchen, sind die negativen Folgeerscheinungen, die mit dem Trinken letzten Endes einhergehen. Wenn der Schmerz oder die Peinlichkeiten schlimm genug geworden sind, können sie nicht mehr leugnen, dass das Trinkproblem angegangen werden muss.

Für die Problemtrinker geht das Leugnen allerdings unvermindert weiter, solange die äußerlichen negativen Folgeerscheinungen noch nicht zutage getreten sind. Sie gehen weiterhin jeden Tag zur Arbeit, kennen bislang keine finanziellen Probleme, wurden noch nie von der Polizei festgenommen und standen nie auf der falschen Seite des Gesetzes. Nach ihren Maßstäben sind sie völlig in Ordnung, weil ihre Definition eines Trinkers auf sie schlichtweg nicht zutrifft. Wir wollen nicht das Fernsehen oder Hollywood mit seinen Stars für diese Definition verantwortlich machen. Dort arbeiten gelernte Schauspieler, die zur Darstellung von Alkoholikern den torkelnden und heruntergekommenen Penner mimen müssen. Wie sollte ein Regisseur sonst seinen Hauptdarsteller anweisen, einen funktionalen beziehungsweise einen Problemtrinker zu spielen? Das Publikum würde in ihm niemals einen Menschen mit einem Alkoholproblem erkennen.

Der funktionale Problemtrinker konsumiert oft genau die gleiche Menge Alkohol wie der sturzbetrunkene Alkoholiker, dem Ersteren sieht man die äußerlichen Symptome seiner Abhängigkeit aber noch nicht an. Das liegt daran, dass die Problemtrinker eine weitaus höhere Alkoholtoleranz entwickelt haben, d.h., dass sie viel mehr Alkohol benötigen, um eine Wirkung zu spüren. Folglich müssen sie eine ständig steigende Menge zu sich nehmen, um den ersehnten Rausch zu bekommen. Diese Alkoholtoleranz, die sich allmählich aufbaut, bedeutet, dass das Trinken bereits auf einer gefährlichen Stufe stattfindet und zu Organschäden, Bewusstseinsstörungen und Abhängigkeit führen kann. Bei chronischen, schweren Trinkern bewirkt eine derartige funktionelle Toleranz, dass die üblichen Anzeichen einer Trunkenheit nicht offensichtlich sind, und das sogar bei einem Blutalkoholgehalt, der andere außer Gefecht setzen würde.

Mitte der 1990er Jahre wurde der beliebte britische Seifenoperndarsteller Steve McFadden wegen Trunkenheit am Steuer festgenommen und angeklagt. Er hatte sich 9 doppelte Wodkas gegönnt, bevor er sich hinter das Steuer seines Wagens setzte. Während eine solche Menge bei den meisten Menschen ausgereicht hätte, sie für den Rest des Abends zu außer Gefecht zu setzen, hatte er beschlossen, die strafrechtliche Verfolgung mit dem Argument seiner ungewöhnlich hohen Alkoholtoleranz zu bekämpfen. Das Gericht durfte die skurrile Situation miterleben, wie der Mann zu Beweiszwecken während der Verhandlung Unmengen von Alkohol zu sich nahm und trotzdem noch stocknüchtern wirkte. Der Richter ließ sich davon beeindrucken und

Kapitel 2: Leugnen ist ein Problem

verurteilte den Schauspieler zu lediglich 18 Monaten, ein überaus mildes Strafmaß für einen so hohen Blutalkoholgehalt.

Sie müssen die Bedeutung des Alkohols für sich ändern. Sie müssen nicht akzeptieren, als ein von der Gesellschaft Ausgestoßener zu gelten oder dass Ihr derzeitiger Zustand dauerhaft sein wird. Ihr Alkoholismus ist kein Produkt Ihrer Einbildungskraft, und ich werde Sie weiterhin darin bestärken, dass Sie keineswegs willensschwach sind. Sie müssen sich nicht ständig Fragen stellen wie „Warum bin ich nicht imstande, eine Flasche Wein zu öffnen, um zum Essen ein Glas zu trinken?" oder „Wieso kann ich nicht nur einen Drink nehmen wie meine Freunde auch?"

Wären Alkoholiker willensschwache Individuen, müsste sich dann die Charakterschwäche nicht auf genauso auf alle anderen Lebensbereiche auswirken? Wenn es wirklich so etwas wie eine „suchtgefährdete Persönlichkeit" gäbe, müsste diese doch auf alle anderen Laster gleichsam ansprechen, und ein Alkoholiker wäre zudem fettleibig und spielsüchtig, würde sich Heroin spritzen und dazu noch Klebstoff schnüffeln. Sie sind süchtig nach Alkohol wegen eines lang andauernden neurochemischen Ungleichgewichts, das durch die Tatsache entstand, dass in Ihrem Körper Alkohol anders verarbeitet wird als bei den irritierenden Zeitgenossen, die gerade mal ein Glas Rotwein zum Steak trinken und nichts dabei finden, die angebrochene Flasche für einen anderen Tag wieder wegzustellen.

Es wird oft behauptet, Alkoholismus sei eine Krankheit wie etwa Krebs. Das trifft nicht zu. Eine Krankheit impliziert in der Regel, dass Sie unmittelbar nichts dagegen tun können beziehungsweise an ihr leiden, ohne dazu beigetragen zu haben. So entsteht die Schutzbehauptung, ein unschuldiges Opfer zu sein, die Trinker schamlos benutzen, um mit dem

Trinken unmäßig fortzufahren. Wenn sie sich erst einmal mit dem Klischee abgefunden haben, beginnt die „Mitleidstour", die ein Leben lang andauern kann. Sie beteuern, wie grauenhaft es sei, an einem so kräfteraubenden Zustand zu leiden, und verfluchen ihr böses Schicksal. Schließlich spülen sie ihren Jammer dann aber doch achselzuckend mit einem Glas Hochprozentigem hinunter.

Das Problemtrinken ist ein negatives Verhaltensmuster, das aufgrund seiner Komplexität unüberwindlich erscheint. Viele Menschen trinken, um ihre Probleme aus der Welt zu schaffen, sind sich aber gleichzeitig der neuen Probleme, welche durch das Trinken entstehen, sehr bewusst. All Ihre Überzeugungen, warum Sie zu trinken glauben, haben wahrscheinlich ihren Ursprung in einer gedanklichen Zwickmühle. Ein Beispiel: Sie haben Geldsorgen und wollen nicht den ganzen Abend über die unbezahlten Rechnungen grübeln – also her mit der Flasche. Der Alkohol als sanftes Betäubungsmittel verschiebt einfach das Problem um 24 Stunden und fügt dann dem Durcheinander noch ein weiteres in Form von Entzugsbeschwerden hinzu. Eigentlich hatten Sie ja die Flasche hervorgeholt, um Ihre Rechnungen zu vergessen aber das Zeug, das Sie trinken, kostet Sie einige Tausender im Jahr. Hätten Sie das Geld gespart, könnten Sie damit die Rechnungen bezahlen, die Ihnen Ihre Sorgen überhaupt erst verursacht haben.

Ein Durchschnittstrinker, der nach dem Lesen dieses Buches mit dem Trinken aufhört, spart mehr als 4.000 Dollar pro Jahr. Während der finanzielle Aspekt in der Regel aber zugegebenermaßen noch nicht Grund genug ist, aufzuhören, bringt er dennoch einen erfreulichen Nebeneffekt. Böte man Ihnen ohne besondere Auflagen eine Lohnerhöhung in dieser Höhe an, Sie würden sie freudig annehmen.

Kapitel 2: Leugnen ist ein Problem

An dieser Stelle nun ein wichtiger Hinweis: Es ist wichtig, das Buch in der Abfolge zu lesen, wie es geschrieben ist. Überspringen Sie keine Seite, um das heilende Patentrezept zu suchen. Sie werden es nicht finden. Es geht um eine langsame Demontage all jener Lügen, die uns zum Alkohol über Jahre immer wieder aufgetischt wurden, und darum, immer mehr zu begreifen, wie der Alkohol Sie dazu bringt, ihn nur ja nicht als das zu erkennen, was er wirklich ist. Und das Allerwichtigste ist, von dem Irrglauben loszukommen, dass Ihnen Alkohol in irgendeiner Form Gutes tue.

Es liegt kein wirklicher Nutzen im Trinken, nur die Illusion eines solchen. Jeder, der Alkohol trinkt, hat bereits unwissentlich vor der Mausefalle Platz genommen. Wie gesagt, einige sind nur noch Augenblicke von der Katastrophe entfernt, andere trifft es vielleicht niemals. Die Vorrichtung jedoch ist geladen und scharf, und mit der Zeit wird Ihr Risiko immer größer, dass der Alkohol die Herrschaft über ihr Leben übernimmt. Sie spielen eine folgenschwere Variante des russischen Roulettes, mit dem Alkohol als Patrone in Ihrer Waffe. Bei jedem Drink drücken Sie den Abzug, und eines Tages wird eine Patrone in der Kammer sein. Es gibt nur einen Weg, das Spiel zu gewinnen. Nehmen Sie die Patrone aus der Trommel oder anders gesagt: Trinken Sie keinen Alkohol mehr.

Sollten Sie gehofft haben, in diesem Buch eine Anleitung zu finden, wie Sie den Alkoholgenuss einschränken können, werden Sie enttäuscht sein. Die Giftmenge zu reduzieren wäre genauso hilfreich, als wollte ich versuchen, das in ein sinkendes Schiff eindringende Wasser mit einem Fingerhut auszuschöpfen. Riete ich Ihnen, den Alkoholkonsum zu reduzieren, könnten Sie vielleicht daraus folgern, dass Alkohol möglicherweise eben doch, in kleinen Mengen genossen, vorteilhafte Auswirkungen habe. Hat er nicht! Ein weit verbreiteter Einwand dazu kommt immer wieder von der „Rotwein ist gut für Ihr Herz-Kampftruppe". Natürlich finden wir in einem Glas Rotwein tatsächlich große Mengen von Antioxidantien, aber nicht mehr als in einem Glas nichtalkoholischen Traubensafts oder einer Handvoll Granatapfelkörner. Sollte das der Grund für Sie sein, mit dem Trinken weiterzumachen, hat es nichts mit Ihrer Gesundheit zu tun. Wenn es Ihr Herz ist, worüber Sie sich sorgen, müssen Sie eine Alternative zu Wein finden.

Sollte der Wein wirklich so gut für Ihr Herz sein, warum machen die Ärzte nicht sofort eine Flasche Merlot auf, wenn ein Herzinfarktpatient in die Notaufnahme eingeliefert wird?

Wenn sie merken, dass aus ihrer Trinkgewohnheit ein Zwang geworden ist, versuchen die meisten es zunächst mit dem Reduzieren. Wenn Sie einen leichtsinnigen Freund hätten, der mit seinem mit nur einer Kugel geladenen Revolver aus purem Nervenkitzel russisches Roulette spielte – würden Sie ihm wirklich raten, das auf die Wochenenden zu beschränken, oder würden Sie ihn vielleicht doch eher dazu drängen, mit dem Unsinn aufzuhören. In „Alkohol hat mich belogen" werde ich Ihnen unwiderlegbar demonstrieren, warum für Sie als intelligentes menschliches Wesen (und ich weiß, dass Sie das sind) der Alkohol etwas ist, was Sie nicht brauchen, was Ihnen nichts gibt. Er verschafft Ihnen keinerlei Vorteile und bringt nichts als Ärger in Ihr Leben. Wenn Sie einmal durchschaut haben, dass alles, woran Sie jetzt noch glauben, Lug und Trug ist, gespeist aus einer Unzahl gesellschaftlicher und psychologischer Quellen, muss ich Ihnen nicht dabei helfen, mit dem Trinken aufzuhören – Sie werden einfach nicht mehr trinken wollen.

Wir beginnen diese Reise damit, die Gründe aufzudecken, aus denen Menschen überhaupt Alkohol bis zum Exzess trinken. Einige werden behaupten, er habe belebende

Kapitel 2: Leugnen ist ein Problem

Eigenschaften, was ja wohl bei einem Betäubungsmittel langfristig nicht der Fall sein kann. Andere werden sagen, er helfe beim Entspannen und Beruhigen, und Sie werden später sehen, warum das unlogisch ist. Alles, was Sie im Moment wissen müssen ist, dass es nur einen Grund gibt, aus dem Menschen an der Flasche hängen: Alkohol ist eine suchterzeugende Droge, die ein chemisches Ungleichgewicht im Körper hervorruft.

Es gibt keine anderen Gründe. Sie sind weder das Opfer einer Krankheit, noch neigen Sie zu einer „suchtgefährdeten Persönlichkeit". Eine solche gibt es schlichtweg nicht. Das ist nur ein plumper Versuch, die Schuld auf etwas außerhalb unseres Kontrollbereiches zu verschieben. Über jemanden, der mit Messern jongliert und sich dabei versehentlich sticht, können Sie ja auch nicht sagen, das sei nicht sein Verschulden gewesen, da er eine für Messerverletzungen anfällige Persönlichkeit habe. Sie würden wohl eher meinen, dass es eines Tages ja so kommen musste!

Wenn Sie eine suchterzeugende Substanz wiederholt einnehmen, werden Sie automatisch irgendwann süchtig (…eines Tages muss es so kommen). Es hat nichts mit einem Vererbungsfehler in Ihren Genen zu tun. Gäbe es tatsächlich so etwas wie eine „suchtgefährdete Persönlichkeit", wären Sie wohl nach allem süchtig. Sie würden dann Berge von Kartoffeln, Fässer voll Honig und kiloweise Zucker verdrücken und alles Ihrer persönlichkeitsbedingten Fehlfunktion zuschreiben.

Ihr Trinken wurde erst wegen eines Mangels an wichtigen Chemikalien in Ihrem Gehirn zum Problem. In Ihrem Frontallappen sind Millionen von Sendern und Empfängern angelegt. Sie kontrollieren jeden Aspekt Ihres Lebens und bestimmen Ihren Gefühlszustand in allen Bereichen. Wenn die Sonne untergeht, wird Ihr Gehirn von dem schwindenden

Licht veranlasst, die Produktion von Adrenalin einzustellen und mit der Herstellung einer neurochemischen Substanz namens Melatonin zu beginnen. Der schlaue Stoff beruhigt Ihre Psyche und ermöglicht Ihnen zu schlafen. Wenn Sie nun etwas zu sich nehmen, das den Prozess stört (beispielsweise Koffein), werden Sie aufgrund des entstandenen chemischen Ungleichgewichts große Mühe beim Einschlafen haben.

Bleiben wir noch einen Augenblick bei dem Beispiel mit dem Schlafen. Es gibt noch einige andere Gründe dafür, dass die für ein gesundes Schlafmuster wichtigen Stoffe nicht ausreichend, vorhanden sind. Das Gehirn produziert Melatonin aus einem anderen Grundstoff, bekannt als Serotonin. Das ist genau der Stoff, der für unser Wohlbefinden zuständig ist, eine natürliche und eigenproduzierte Droge, die uns ein Glücksgefühl der Zufriedenheit und puren Freude bringt. Serotonin kann allerdings nur aus der Aminosäure Tryptophan gewonnen werden. Wenn Sie sich aber einseitig ernähren oder zu wenig Tryptophan-haltige Nahrungsmittel essen, entsteht ein Serotonin- und daraus, im weiteren Verlauf, ein Melatonin-Defizit. Sie würden das sofort durch auftretende Schlafstörungen merken. Sollte der Zustand länger andauern, könnte eine chronische Schlaflosigkeit die Folge sein.

Um bei der Schlafanalogie zu bleiben: Es gibt eine genetisch bedingte Fehlfunktion bei den Tryptophan-Sendern und -Empfängern, und Betroffene müssen deutlich mehr von dieser Aminosäure zuführen, um auf das gleiche Resultat wie eine „normale" Person zu kommen.

Alkohol ist ein Giftstoff, der die Chemie in Ihrem Gehirn beeinträchtigt; ein entsprechendes Ungleichgewicht lässt Sie unglücklich, instabil, gestresst und müde werden. Alles Zustände, in denen Sie meinen, es mit einem Glas vom „guten

Zeug" wieder in Ordnung bringen zu können. Das ist ebenso ein negatives Handlungsmuster wie das Ablösen einer schmerzhaften Wundkruste. Je mehr Sie daran zupfen, umso mehr tut es weh, aber sein lassen können Sie es nicht. Sie sind gestresst von dem alkoholbedingten Ungleichgewicht in Ihrer Neurochemie, also muss ein Drink her, um Erleichterung zu schaffen. Der Drink verstärkt das chemische Ungleichgewicht, und der Teufelskreis beginnt von neuem.

Besäßen Sie ein Multimillionen-Dollar-Rennpferd, wäre doch zu erwarten, dass Sie es mit höchster Wertschätzung behandelten, es nur in ausgezeichneten Gestüten einstellten und es ausschließlich mit dem besten Futter, das es für Geld zu kaufen gibt, versorgten. Sicher würden Sie nicht sein Futter vergiften, oder? Sie besitzen mit Ihrem Körper nun etwas so Ehrfurchtgebietendes an Schönheit, Vielschichtigkeit und Kraft, und dennoch konsumieren Sie willentlich einen Giftstoff wie Alkohol und tun das im Namen der Geselligkeit.

Dank der über Jahrmillionen verlaufenden Evolution ist Ihr Körper nun ziemlich gewieft und kann wahrnehmen, wenn sich eine gefährliche Substanz im Blutkreislauf befindet. Wenn Sie irgendein Gift aufnehmen, setzt Ihr Körper sofort eine Reihe automatisch ablaufender Prozesse in Gang, um es so rasch wie möglich wieder aus dem System herauszubefördern (viele Nachtschichttaxifahrer können ein Lied davon singen). Zuerst wandelt die Leber den Alkohol in eine für die lebenswichtigen Organe weniger gefährliche Substanz namens Acetaldehyd um. Trinker haben Ihrer Leber im Laufe der Zeit eine hohe Effizienz beim Abbau von Alkohol antrainiert. Das führt dazu, dass der Drink in dem Moment zu Acetaldehyd wird, in dem er bei der Leber ankommt, und das heißt, dass wir Problemtrinker ständig eine enorme Menge dieser Chemikalie im Blut haben.

Daraus wiederum ergeben sich zwei weitere wesentliche Probleme: Erstens wirkt die Chemikalie wie ein Opiat, und das führt bekanntlich zu Abhängigkeit (wir müssen tatsächlich ständig mit einer Überdosis dieser Droge fertig werden). Und zweitens frisst sich diese kraftvolle Chemikalie wie Napalm durch die Gehirnzellen. Sie zerstört tausende Rezeptoren, behindert Ihren Körper an der Aufnahme von Mineralstoffen und Vitaminen und bringt Ihre Gehirnchemie dermaßen durcheinander, dass Ihr Körper Monate für die Schadensreparatur braucht (falls Sie ihm die Möglichkeit dazu geben).

Wenn der Alkohol in Ihrem Gehirn ankommt, werden künstlich Chemikalien freigesetzt, welche Sie in einen Rauschzustand versetzen. Jedes Mal, wenn Sie Alkohol mit diesem Ziel aufnehmen, wird der Empfänger in Ihrem Gehirn, der für das Aufspüren dieser Chemikalien zuständig ist, ein klein wenig mehr beschädigt. Aus diesem Grund müssen Sie immer mehr trinken, um auf Ihre Kosten zu kommen. Auf eine hohe Alkoholtoleranz sind manche sogar stolz, vor allem Männer. Einer, der sich zehn Halbe vom starken Lager ohne umzukippen hinter die Binde gießen kann, gilt als „richtiger Kerl". Wenn wir das Testosteron mal beiseitelassen, ist diese Toleranz ein sicheres Zeichen dafür, dass der Alkohol bereits beträchtlichen Schaden angerichtet hat.

Durch dieses massive Ungleichgewicht in der Neurochemie sind Sie für ein Alkoholproblem besonders anfällig. Es mit Willenskraft stoppen zu wollen ist, wie einen riesigen Felsbrocken den Hügel hinaufzuwälzen – vollkommen sinnlos. Wenn Sie jemals eine Vollnarkose im Krankenhaus erhalten haben und nach der Injektion bis zehn zählen mussten, wissen Sie, dass irgendwo zwischen vier und fünf die Lichter ausgingen. Auch wenn Sie das verabreichte Medikament mit Willenskraft austricksen wollten, Sie hätten keine Chance. Sie sehen, es steckt absolut keine Kraft in der Willenskraft.

Das gilt sowohl für natürlich gebildete wie für künstliche Chemikalien. Wenn Ihr Gehirn mit Adrenalin vollgepumpt ist, können Sie nicht einschlafen, egal wie viel Sie an Willenskraft aufwenden. Eine spezifische Substanz in Ihrem Gehirn steuert die starken Emotionen wie Trauer oder Liebe. Östrogen bringt Frauen dazu, zu bemuttern und zu behüten; durch Testosteron wollen Männer kämpfen oder mit allem möglichen Sex haben; Dopamin gibt Ihnen das Gefühl der Zufriedenheit und so weiter. Wenn Sie jemandem Adrenalin injizieren und anschließend mit ihm ins Theater gehen, wäre es unangemessen, ihn als willensschwach zu beschimpfen, weil er nicht still sitzen und mit Ihnen die Aufführung genießen kann.

Willenskraft ist gegen Gehirnchemikalien vollkommen wirkungslos, und um endgültig mit dem Trinken aufzuhören, müssen Sie Ihre Denkweise über Alkohol ändern. Sie müssen an den Punkt gelangen, nicht zu trinken, weil Sie aufrichtig nicht mehr wollen, und nicht, weil Sie mit sich hart bleiben wollen. Sie müssen sicherstellen, nie mehr auf die Willenskraft angewiesen zu sein. Um das zu erreichen, müssen Sie sich bewusst machen, dass uns der Alkohol alle langsam in Lügner verwandelt. Wir sind alle seit frühester Jugend darauf programmiert, den Alkohol als makelloses, natürliches, stimmungsaufhellendes, Selbstvertrauen schenkendes und jederzeit angebrachtes Produkt zu sehen – und nicht als das faulig schmeckende, gesundheitsschädliche und langsam wirkende Gift, das er wirklich ist.

Bevor wir nun weitergehen, muss ich nochmal hervorheben, dass ich KEIN Arzt bin. Ebenso wenig bin ich ein selbstgerechter Heiliger, der niemals im Leben vom rechten Pfad abgekommen ist. Ich schreibe das Buch nicht, um Sie zu verurteilen oder mit Schuldzuweisungen zu überhäufen. Im Wesentlichen bin ich mit Ihnen im Gespräch, weil ich genau wie Sie bin. Auch ich habe (über 17 Jahre lang) zugelassen, dass der Alkohol mein Leben bestimmt. In diesem Moment ist der einzige Unterschied zwischen uns der, dass ich mich in sicherer Entfernung zur Mausefalle befinde, während ich Sie noch vor ihr sitzen sehe wie eine gefräßige Maus, die denkt, einen leckeren Happen gefunden zu haben. Ich saß einst wie Sie da und weiß, was Sie jetzt gerade davon halten, mit dem Trinken aufzuhören. Ich weiß, wie oft Sie morgens beschämt über sich selbst aufgewacht sind und sich insgeheim versprochen haben, nie wieder zu trinken. Ich weiß, wie verzweifelt Sie versuchen, von diesem Gift loszukommen, kann aber mitfühlend nachvollziehen, dass Ihnen beim ersten Gedanken an ein Leben ohne Alkohol dieses Leben mehr lebenswert erscheinen mag. Die Tatsache, dass Sie dieses Buch lesen, weist immer noch in die Richtung, dass Sie denken, dem Alkohol etwas Positives abgewinnen zu können. Wäre dem nicht so, würden Sie schlichtweg keinen Alkohol trinken.

Die meisten alkoholabhängigen Menschen halten ein Leben ohne Drink für leer und sinnlos. Sie werden sich fragen: „Wie kann ich auf eine Party gehen und nicht trinken – werde ich mein ganzes Leben die langweilige Spaßbremse sein?" oder „Wie kann ich Urlaub machen, wenn ich nicht trinke?" und „Was soll ich dann machen, um mich zu entspannen/meine Nerven zu beruhigen/einschlafen zu können?" Sie können die Fragen mit Ihrer eigenen Lüge beantworten, wenn Sie dies wollen – aber das ist es dann: nur eine Lüge!

Obwohl Sie unsere Atemluft nicht sehen können, wissen Sie, dass sie aus unterschiedlichen Gasen besteht, darunter der lebenswichtige Sauerstoff. Sie können nicht einfach auf den Sauerstoff in der Luft zeigen, um mir seine Existenz zu beweisen. Trotzdem würden Sie zum Beispiel einer Behauptung von mir, es gebe gar keinen Sauerstoff in der Luft, nicht den geringsten Glauben schenken. Aber wenn Sie nicht gerade ein Physiker mit unwiderlegbaren wissenschaftlichen Argumenten sind, werden Sie mir die Existenz von Sauerstoff in der Luft nicht auf Anhieb beweisen können. Sie glauben an die Existenz von Sauerstoff einzig und allein, weil Menschen, denen Sie respektvoll vertrauen, Ihnen das irgendwann beigebracht haben. Sie wurden in frühesten Jahren darauf programmiert, das zu glauben. Die Überzeugung, dass wir auch Sauerstoff atmen, ist so tief in unserem kollektiven Wissen verankert, dass sie zu einer unleugbaren Tatsache geworden ist.

In ähnlicher Weise wurde übrigens jahrtausendelang behauptet, dass die Erde eine Scheibe sei. Wiederholung ist die Mutter allen Lernens, und so wurden aus ständig wiederholten und wahrgenommenen Überzeugungen im Laufe der Zeit unumstößliche Fakten in unserem kollektiven Verstand.

Alkohol und *Feste feiern* gehören zusammen wie ein Liebespaar, richtig? Unsere Auffassung über das Trinken von Alkohol haben wir von der herrschenden Meinung übernommen. Aber genau so, wie sich herausstellte, dass die Erde keine Scheibe ist, sitzen wir nun dem allgemeinen Irrtum auf, der Alkohol verleihe uns viele positive Eigenschaften. Einige Trinker sind so intensiv auf ihre Droge programmiert, dass sie meinen Hinweis, Alkohol sei eben nicht der Nektar der Götter, sondern nur eine faulig schmeckende, lebenszerstörende Droge, auf das Schärfste zurückweisen. Wenn Sie sich selbst dabei ertappen zu sagen: „Nun, ich liebe wirklich den Geschmack von Alkohol", so gebe ich Ihnen

Brief und Siegel, dass Sie an dem Punkt angelangt sind, wo Ihre Lügen so tief in Ihrem Unterbewusstsein festsitzen, dass Sie sie gar nicht mehr als solche erkennen. Bleiben Sie bei mir bis zum Ende des Buches und ich beweise Ihnen, dass Alkohol nicht nur scheußlich schmeckt, sondern dass Sie das auch instinktiv wissen.

Kapitel 3:

Wo liegt die Kraft?

A ls in den 1980er Jahren ein Freund meines Vaters in seiner Firma einen neuen Computer installierte, versammelten wir uns alle auf der Straße, um dessen Ankunft mitzuverfolgen. Der Computer war so riesig, dass sogar das Dach des Gebäudes abgehoben werden musste, um das Ding ins Innere heben zu können. Er wurde auf einem Tieflader geliefert und mit einem Kran, der eigens dafür gemietet werden musste, hochgezogen. Ein ganzes Büro musste geräumt werden, um für das Ungetüm Platz zu machen, und dennoch konnten damit lediglich die Grundfunktionen unserer heutigen modernen Taschenrechner ausgeführt werden. Im Bereich der Informationstechnologie hat die Menschheit in kürzester Zeit eine enorme Entwicklung vollzogen, sodass wir heute zwanglos mit Mobiltelefonen herumlaufen, die eine tausendfach höhere Rechenleistung haben als dieser Goliath von einem Computer.

Sie müssen nur auf die Vorhersagen einiger verbreiteter wissenschaftlicher Magazine aus dieser Zeit zurückblicken und werden schnell erkennen, in welchem Ausmaß die damaligen Erwartungen übertroffen wurden. Damals wurde gemutmaßt, dass weltweit nicht mehr als fünf Computer verkauft würden, und eine andere Publikation erklärte stolz, eines Tages werde jeder Computer weniger als 1,5 Tonnen wiegen.

Unsere Kinder spielen heute auf Computern mit einer unendlich höheren Rechen- und Speicherkapazität als jene aus der Raumfahrttechnik, mit denen die ersten Menschen ins All flogen. Wenngleich die Menschheit heute mit ihrer computergestützten Revolution triumphiert, so haben wir trotz des Fortschritts nur ein Gerät mit weniger als einem Prozent der Fähigkeiten des menschlichen Geistes geschaffen. Sie können in weniger als fünf Jahren die komplizierteste Programmiersprache erlernen, aber ein Leben lang vergeblich damit verbringen, die Möglichkeiten Ihres körpereigenen Computers in den Griff zu bekommen. Programmierer müssen sich zum Verständnis ihrer Maschinen über eine lange Zeit ausbilden lassen, bevor sie die erste Befehlszeile schreiben dürfen. Ihre erste Lektion lernen sie durch das Akronym GIGO, welches für „Garbage In – Garbage Out" steht und so viel bedeutet wie: Tippst du Blödsinn ein, so bekommst du Blödsinn raus. Leider beachten viele Menschen bei der Programmierung ihres inneren Computers diesen Grundsatz keineswegs, obwohl er das Potenzial hätte, buchstäblich alles zu erschaffen.

Alles, was Sie in Ihrem Leben für schlecht halten, ist lediglich auf eine falsche Programmierung Ihres Unterbewusstseins zurückzuführen. Wenn Sie übergewichtig und über die Form oder die Größe Ihres Körpers unglücklich sind, so liegt das daran, dass Sie auf der unterbewussten Ebene glauben, genau so sein zu müssen. Viele werden jetzt scharf protestieren, aber Sie können auf der bewussten Ebene unmöglich wissen, welche Informationen in Ihrem Unterbewusstsein abgelegt sind. Das wäre so, als versuchten Sie, die

Kapitel 3: Wo liegt die Kraft?

Weltmeere in einen Eierbecher umzufüllen. Fürs Erste bitte ich Sie nur, Ihre Ungläubigkeit für eine Weile zurückzuhalten und mit mir am Ball zu bleiben; ich werde es noch erklären. Jetzt nur so viel: Dieser Grundsatz findet auf alles in Ihrem Leben Anwendung, was Sie entweder für gut oder schlecht halten.

Eine Abhängigkeit von Alkohol oder anderen Drogen gründet in der unterbewussten Überzeugung, diese Giftstoffe seien das beste Mittel gegen den Schmerz, den Ihnen Ihr bewusstes Denken zufügt. Ihre Vorstellung, in einem teuren und protzigen Sportwagen den anderen Menschen wichtiger zu erscheinen, ist ein Szenario, das Ihr egoistischer, bewusster Geist oft genug wiederholt hat, um es zu einer unterbewussten Überzeugung werden zu lassen. Vielleicht sollten wir von jetzt an weniger von Überzeugungen sprechen, sondern diese besser zutreffend als Lügen bezeichnen. Wenn die Begierden unseres Ego erst einmal so stark in unserem Selbstverständnis eingebettet sind, dringen sie unwillkürlich in das Unterbewusstsein vor, und das kann gefährlich werden, da sie dort eine große Macht über uns entfalten können. Das Unterbewusstsein hat einen direkten Draht zur göttlichen Kraft der Seele.

Ich sehe Sie bereits einen weiteren Einwand erheben: „Wenn das Unterbewusstsein die Kraft der Seele hat, warum sortiert es denn die schlechten Gewohnheiten nicht gleich zu Beginn aus? Warum in aller Welt sollte es sich zurücklehnen und zulassen, dass selbstzerstörerische Programme wie Alkoholismus ablaufen können?" Lassen Sie uns versuchen zu verstehen, wie das Gehirn wirklich arbeitet.

Es ist allgemein anerkannt, dass unser Geist in zwei ungleiche Hälften geteilt ist, durch welche wir das Leben auf gegensätzlichen Ebenen wahrnehmen: zum einen bewusst mit unserem denkenden Geist und zum anderen unterbewusst, mit dem unendlich größeren und stärkeren Teil unseres Geistes, den wir das Unterbewusstsein nennen.

Nichts beschreibt die Illusion der Kraft des bewussten oder egoistischen Geistes besser als die Geschichte eines kleinen Hundes namens Biba. Biba war der widerliche kleine Jack-Russel-Terrier meiner Freundin, als ich 16 Jahre alt war. Der Hund war ernsthaft verhaltensgestört. Nicht größer als ein Sofakissen, hatte er die Aggressivität und die Überzeugung, ein furchterregender Rottweiler zu sein. Jedes Mal, wenn ich in der Hoffnung auf ein wenig Zweisamkeit meine Freundin besuchte, saß Biba im Fenster und fixierte mich auf dem Weg zur Eingangstür. Bevor ich überhaupt noch an die Tür klopfen konnte, setzte er schon zu seiner üblichen Attacke gegen mich an. Hin und wieder konnte ich durch den Briefschlitz sogar seine kleinen weißen, nadelähnlichen Zähne sehen.

Einmal saß Biba bei meiner Freundin auf dem Schoss und fletschte mich knurrend an. Dieses 20 Zentimeter kleine und fünf Kilogramm leichte Tier sah mich, einen 1,90 Meter großen und 85 Kilo schweren Mann, an, als wollte er sagen: „Überlasst ihn mir, ich reiße ihn in Stücke!" In Wahrheit aber war Biba so mickrig, dass ich ihn aus dem Zimmer tragen konnte, ohne mich bücken zu müssen (und das hatte er auch einige Male erlebt). Ich musste ihn nur wie einen Fußball mit dem Fuß anheben und konnte ihn so in die Küche verfrachten, während er wie wild strampelte und nach mir schnappte. Mit einem breiten Grinsen im Gesicht schloss ich ihn dort ein, schlenderte zu meiner Freundin zurück und hörte durch die Tür noch sein wütendes, dumpfes Gekeife. Ich stimmte meiner Freundin dann jedes Mal zu, dass Biba wirklich ein kleines Goldstück sei. Ich dachte, es würde mir bei ihr nicht besonders weiterhelfen, wenn ich ihr gesagt hätte, was ich tatsächlich von dieser ekelhaften, kleinen Ratte hielt.

Für mich ist unser bewusstes Ego wie Biba: ein kleiner, ineffizienter Teil unseres Geistes, der denkt, weitaus größer und wichtiger zu sein, als er wirklich ist. Es besitzt all die Eigenschaften des kleinen Hundes. Ihr Ego ist die Stimme in Ihrem Kopf, die alles in Ihrem Leben beurteilt und in Frage stellt. Seit Ihrer Kindheit flüstert es Ihnen das ein, was es eigentlich selbst möchte: im ständigen Wettkampf besser oder schneller zu sein als die anderen (manche glauben, sie könnten gewinnen, andere nicht).

Die Stimme meldet sich zunächst ganz dezent und wird im Laufe der Zeit immer eindringlicher, und zwar in dem Ausmaß, wie Sie es zulassen. Sie ist in jeder Ihrer Lebenslagen präsent – zu Hause, bei der Arbeit und natürlich bei gesellschaftlichen Anlässen. Wenn Sie eine Bar betreten, ist sie es, die Ihnen einflüstert, dass Sie attraktiver sind als eine bestimmte Person oder weniger gut aussehen als eine andere. Fährt jemand in Ihrem Traumauto an Ihnen vorbei, ist es wieder die Stimme, die Ihnen sagt, wie Sie über den Menschen denken sollten, der seinen Erfolg so aufdringlich zur Schau trägt. Entweder bewertet ihr Ego die Szene als etwas, das Sie auch haben sollten und (zum Glücklichsein) benötigen, oder als Beispiel für Ihr mangelndes Selbstwertgefühl. Bücher wie „The Secret" von Rhonda Byrne machen Ihnen die instinktive Reaktion Ihres Ego bewusst und helfen, dem Ego-Zwang nicht nachzugeben, sondern daraus eine positive Absichtserklärung zu machen. Anstatt vor Neid zu vergehen, sehen Sie sich selbst vor Ihrem geistigen Auge mit einem Gefühl großer Freude und Erfüllung in dem Auto sitzen.

Das wäre löblich und in jedem Fall besser als negative Gefühle. Aber nochmals: Wenn Sie sich nur mit Ihrer

Willenskraft auf einen Kampf gegen Ihr Ego einlassen, ist das nahezu aussichtslos. Das hat nämlich zur Folge, dass viele Menschen die beschriebenen Techniken aus „The Secret" oder ähnlichen Werken über die „Macht der Anziehung" zwar ausprobieren, sie aber bald wieder aufgeben, wenn sich der Erfolg nicht sofort einstellt. Nur das Unterbewusstsein kann über das Ego siegen. Kurzum, Sie können über sich behaupten was Sie wollen, es wird nicht den geringsten Einfluss darauf haben, was Sie bekommen werden. Ich kann mir jeden Morgen vor dem Badezimmerspiegel voller Zuversicht und positiver Geisteshaltung einreden, ein professioneller Fußballspieler zu sein. So lange mein Unterbewusstsein das nicht für möglich und wahrhaftig hält, liegen die Chancen dafür irgendwo zwischen „schlecht" bis „nicht vorhanden".

Einerseits erscheint es ein wenig frustrierend, dass wir unsere Wünsche nicht so unmittelbar erfüllen können, andererseits ist das ein Segen, wenn man bedenkt, welche abscheulichen Szenen unser bewusst denkender Geist zu schaffen fähig ist.

Standen Sie jemals auf dem Dach eines Hochhauses und haben sich nur für einen kurzen Augenblick gefragt, wie es wohl wäre zu springen? Wollten wir dann unserem Ego immer noch die Macht verleihen, unsere Träume zu realisieren?

Wir alle erlauben unserem Ego, mit der Zeit so stimmgewaltig zu werden, dass wir beginnen zu glauben, das Ego selbst zu sein. Wir werden zu dieser Stimme in unserem Kopf, und die ist letztendlich der Ursprung allen Elends und aller Unzufriedenheit in unserem Leben. Sie ist der Zauberkünstler, der für unseren Schmerz verantwortlich ist, und ein Meister darin, die Schuld dafür zu verlagern; und das alles aus dem puren Bedürfnis, Angst zu vermeiden. Wenn

Sie das bedenken, ist es leicht zu verstehen, dass sämtliche egoistischen Wünsche, die aus negativen Gefühlen entstanden sind, langfristig nie von Vorteil sein werden. Der bewusste Geist kann einfach nicht aufhören zu verurteilen und Fragen zu beantworten, auch wenn er die wahre Antwort gar nicht kennt. Das Ego ist so leicht zu berechnen, dass ich Ihnen seine Schwäche und Verletzlichkeit anhand nur einiger Fragen, die ich Sie bitte nicht zu beantworten, beweisen kann.

„Wie viel ist 2 + 2?" (Nicht beantworten!)

„Welche Farbe haben Ihre Augen?" (Nicht beantworten!)

„Ah ja, und – was immer Sie tun, denken Sie nicht an einen Elefanten!"

Wie ein kleiner Hund, der einem Ball nachjagt, kann Ihr bewusstes Denken nicht anders: es muss alle Fragen, die ihm gestellt werden, beantworten. Nun ist das nicht immer ein Problem, denn ohne die meisten dieser Eigenschaften des bewussten Denkens weilten Sie jetzt nicht mehr unter den Lebenden. Während es oft mit recht kranken Ratschlägen aufwartet, was Sie und Ihr Glücksbedürfnis anbelangt, macht es andererseits seine Arbeit gut, wenn es für Sie alltägliche Situationen analysiert und Sie beschützt.

Wenn Sie am Rand einer stark befahrenen Straße stehen, ist es Ihr bewusstes Denken, das Geschwindigkeit und Entfernung der fahrenden Autos einschätzt und entscheidet, wann Sie die Straße sicher überqueren können. Dass vor allem Kinder und ältere Leute solche Situationen nur schwer beurteilen können, ist wieder ein Beweis für die Unzulänglichkeit des Ego. Kinder verfügen noch nicht über genügend Erfahrungen, um das Risiko einschätzen zu können, und die Senioren sind mit dem Tempo der modernen Welt nicht mehr vertraut.

Das Bewusstsein urteilt aufgrund von Daten, die es für wahr hält. Vielleicht hatten Sie als Kind einmal eine heiße Pfanne angefasst und dabei gemerkt, wie schmerzhaft eine Verbrennung sein kann. Bis zu diesem Moment konnte Ihr Bewusstsein mangels entsprechender Erfahrung die drohende Gefahr nicht einschätzen, danach waren Sie in ähnlichen Situationen vorgewarnt und achtsamer. So betrachtet dürfen Sie Ihrem Ego dankbar sein, dass es Sie manchmal vor ernsten Verletzungen bewahrt. Der Mechanismus beruht allerdings auf dem egoistischen Trieb, Schmerzen oder Angst zu vermeiden. Alle Aktionen des Ego leiten sich von diesem Grundsatz ab, und es wäre unklug zu denken, das Ego handle aus reiner Fürsorge für Sie. Es kümmert sich nicht um Ihr Wohlergehen, sondern um sich selbst. Manchmal entsteht dadurch gleichzeitig und eher zufällig als „Nebenprodukt" ein Nutzen für Sie, aber nicht absichtlich. Sie haben dann eben Glück, davon zu profitieren.

Dem Ego bereitet es nicht im geringsten Kopfzerbrechen, Ihnen großes Leid zuzufügen, um das zu bekommen, was es will. Sollte es einen bestimmten materiellen Besitz anstreben (oder besser gesagt: das Gefühl, das bei der Erfüllung des Wunsches entsteht), wird es auf Sie so lange einen massiven Druck in Form eines psychischen Schmerzes ausüben, bis Sie ihm geben, wonach es verlangt. Wenn Sie sich endlich gefügt haben, hält es für kurze Zeit inne, bevor es den gesamten Prozess mit einem weiteren Wunsch und noch größerer Heftigkeit von neuem beginnt. Dieses Buch nimmt Sie mit auf eine Reise des Gewahrwerdens, und ein Stück weit werden wir die Fähigkeit entwickeln, das Ego bei seinen Manipulationsversuchen aus dem Blickwinkel einer dritten Person zu beobachten, um zu erkennen, dass Sie und Ihr Ego nicht dasselbe sind.

Wenn Sie sich an diesem Punkt noch nicht allzu gespalten fühlen, können wir uns nun dem viel größeren und mächtigeren Unterbewusstsein widmen. Im exakten Gegensatz zum Ego be- oder verurteilt das Unterbewusstsein niemals. Es ruht vollkommen friedlich in sich und hat nicht das Bedürfnis, Sie mit anderen zu vergleichen. Es will nichts, braucht nichts und fürchtet nichts – es wirkt in einem göttlichen Zustand und existiert nur im Hier und Jetzt. Nichts, was jemals war, ist von Belang, und die Zukunft ist gleichermaßen unbedeutend. Alles, was zählt, ist der Moment, und Ihr Unterbewusstsein führt stets pflichtgetreu alle in ihm angelegten Programme ganz genau aus. Daher müssen Sie nicht ständig Ihr Herz zum Schlagen bringen, Ihre Körpertemperatur oder Millionen anderer Körperfunktionen kontrollieren, die in jeder Sekunde eines jeden Tages ablaufen.

Während Sie den vorangegangenen Satz gelesen haben, hat Ihr Unterbewusstsein in Ihrem Körper 50.000.000 abgestorbene Zellen erneuert, seine Macht ist ehrfurchtgebietend. Absurderweise denkt Ihr Bewusstsein beim Anblick dieser überwältigenden Macht, ganz ähnlich wie der verhaltensauffällige Hund Biba, es sei dem Unterbewusstsein zumindest gleichwertig, wenn nicht noch wichtiger. Das ist der Inbegriff von Arroganz und Großspurigkeit, wie bei einem blinden, dreibeinigen Esel, der darauf beharrt, es mit einem Multimillionen-Dollar-Rennpferd aufnehmen zu können. Müsste Ihr Bewusstsein plötzlich alle Aufgaben Ihres Unterbewusstseins übernehmen, würden Sie im Bruchteil einer Sekunde tot umfallen.

Warum trinken die meisten Menschen? Weil das Bewusstsein in einem ständigen Zustand des reinen Terrors lebt und Sie unentwegt dazu manipuliert, den Terror und die Angst aufzulösen. Alkohol stellt es für eine kurze Zeit durch

Zerstreuung ruhig. Jedes Suchtverhalten dient demselben Zweck, ob es nun das zügellose Essen, Drogen oder andere moderne und trendige Erscheinungen wie die in Hollywood beliebte „Sexsucht" betrifft. „Aber warum trinke ich anstelle eines anderen Lasters?", mögen Sie sich fragen. Auf diese Frage gibt es viele Antworten, aber seien Sie sicher: Es ist kein Zufall! Vererbung und Ihr Umfeld spielen zweifelsfrei eine gewisse Rolle, aber all das führt zum gleichen Problem des neurochemischen Ungleichgewichts in Ihrem Gehirn. Wenn Sie das beseitigen und Ihre Überzeugungen rund um das Thema Alkohol ändern können, sind Sie geheilt.

Ich leugne nicht, dass auch die DNA mitspielt. Die Wahrscheinlichkeit, ein Trinkproblem zu haben, liegt bei Ihnen wesentlich höher, wenn Ihre Eltern alkoholabhängig waren. Das könnte nämlich bedeuten, dass wie bei Ihren Eltern auch bei Ihnen die neuronale Effektivität der entsprechenden Sender und Empfänger im Gehirn eingeschränkt ist oder aber dass ein psychologisches Merkmal zum Zuge kommt, welches man als *soziale Bestätigung* bezeichnet. Diese beschreibt die Tendenz, etwas für richtig zu halten, was man wiederholt bei Menschen im nahen Umfeld wahrnimmt.

Wenn Sie als Kind öfter Ihren Vater beobachteten, wie er nach der Arbeit, noch bevor er Mantel und Hut abgelegt hatte, ein großes Glas Whiskey in seiner Hand umklammerte, ist klar, dass Sie an einem solchen Verhalten nichts Anormales finden. Wenn also Ihr Vater, den Sie so respektieren und bewundern, am Alkohol so viel Freude hat, dann muss dieser doch mit den Vorzügen verbunden sein, die Ihnen noch vorenthalten werden. Das kann Ihr Ego natürlich nicht ertragen, und sobald es dazu in der Lage sein wird, wird es die Ungerechtigkeit beenden. Im Alter von zwölf Jahren werden Sie sich dann den ersten Schluck aus dem Whiskeyglas Ihres Vaters erschleichen und sich wundern, warum es gar so scheußlich schmeckt.

Es ist wahrscheinlich, dass Sie die gleiche überaktive Leber und die wirkungslosen Rezeptoren in Ihrem Gehirn wie die meisten Alkoholiker geerbt haben. Durch das Trinken von Alkohol löst der Hypothalamus im Gehirn die Freigabe eines kraftvollen Neurotransmitters namens Dopamin aus. Bei vielen, vor allem den „Musterknaben" unter den Alkoholkonsumenten, die ein Glas Champagner auf der Party genießen, ohne ständig nach dem nächsten Glas Ausschau zu halten, wird lediglich eine geringe Menge Dopamin freigesetzt. Eine kaum merkliche Wahrnehmung von Wohlbefinden ist die Folge, aber keinesfalls werden Chemikalien in der Menge abgesondert, dass ein Suchtverhalten ausgelöst wird.

Um Ihnen einen „nichtalkoholischen" Vergleich zu bringen: Stellen Sie sich Menschen vor, die gegen süße und zuckerhaltige Nahrungsmittel ähnlich desensibilisiert sind, wie das bei Ihnen mit dem Alkohol der Fall ist. Solche Menschen mit einer unüblich hohen „Kuchentoleranz" müssten 30 Portionen oder mehr von der Schokoladentorte essen, um den gleichen Geschmackseindruck beziehungsweise die gleiche Sinneswahrnehmung zu erlangen, die Sie bereits beim ersten Stück der Torte hatten. Denken Sie, dass nur einer von denen nach Schokoladentorte süchtig würde, wenn er jedes Mal solche Mengen verdrücken müsste, um die gewünschte Wirkung zu erzielen oder die Entzugserscheinungen zu unterbinden? Das wäre eher unwahrscheinlich. Darum wird der Alkoholismus so stigmatisiert: weil mit ihm ein dermaßen unsinniges Verhalten einhergeht.

Auch Sie würden einem Menschen, der 30 Tortenstücke auf einer Sitzung in sich hineinschaufelt, nur mit Kopfschütteln und Unverständnis begegnen.

Beim Problemtrinker ist der Dopaminausstoß als Reaktion auf die Anwesenheit von Alkohol im Blut in den meisten Fällen massiv, und plötzlich wird der Körper mit einer großen Menge der kraftvollen und abhängig machenden Droge überflutet. Dieser geballte Ansturm von Chemikalien schädigt die Empfänger im Gehirn in der gleichen Weise, wie ständig laute Geräusche das menschliche Gehör in Mitleidenschaft ziehen. Leute, die ihr Leben lang an lärmenden Maschinen gearbeitet haben, leiden an einer eingeschränkten Fähigkeit, den Schall auf einem korrekten Niveau wahrzunehmen, und benötigen eine Hörhilfe zur Verstärkung. Trinker haben gleichsam eine eingeschränkte Fähigkeit zur Wahrnehmung der Neurotransmitter und benötigen viel größere Mengen an Alkohol, um den eigentlichen Rauschzustand zu verspüren.

Die chemischen Rezeptoren im Gehirn eines Alkoholabhängigen sind durch den fortwährenden Missbrauch so empfindungslos geworden, dass sie die im eigenen Körper produzierten „Wohlfühlsubstanzen" nicht mehr wahrnehmen können. Erst wenn die Droge in hohen Mengen zugeführt wird und einen gewaltigen Ausstoß an Dopamin verursacht, stellt sich das „Normalitätsgefühl" ein. Die gute Nachricht ist: Wenn Sie mit dem Trinken aufhören, werden Sie sich in wenigen Wochen viel besser fühlen, und der Schaden an Ihren Rezeptoren wird nach sechs bis zwölf Monaten vollständig behoben sein.

Sie könnten jetzt der Einfachheit halber erklären, es sei nicht Ihre Schuld, dass Sie trinken, sondern Sie seien durch einen schadhaften Hypothalamus dazu verflucht. Netter Versuch – aber das würde nur erklären, warum Sie am Alkohol hängen anstelle einer anderen Droge. Mit anderen Worten: Würden Sie nicht trinken, so litten Sie an einer anderen Sucht. Das Problem liegt nicht wirklich im Alkohol, sondern in Ihrem Ego beziehungsweise in Ihrem bewussten Denken, welches ohne Unterbrechung unser Leben kontrollieren will. Das Ego hat sich für den Alkohol entschieden, um ein tiefer sitzendes Problem anzusprechen. Deshalb bin ich davon überzeugt, dass Sie kein Alkoholiker sind. Die Art, wie Sie Alkohol gebrauchen, ist ein Symptom für ein Problem und nicht das Problem selbst.

Sämtliche Sorgen, Angst, Stress und Depressionen sind direkter Ausfluss der Verzweiflung Ihres bewussten Denkens darüber, dass es die Zukunft nicht vorhersagen kann. Diese kleine Stimme in Ihrem Kopf, die ständig tausend Gründe dafür findet, dass alles Mögliche schiefgehen kann, ist Ihr Ego, das sich wichtigmacht. Im Verborgenen verurteilt Sie die Stimme wegen dieser und jener Sache und hält Sie aufgrund gesammelter Erfahrungen bestimmter Dinge nicht für wert. Mädchen, die von ihrem Vater missbraucht und beherrscht wurden, enden nur allzu oft bei einem ebenso herrschsüchtigen und brutalen Ehemann. Das ist die Manifestation unseres Ego in Reinkultur, welches die Vergangenheit heranzieht, um die Zukunft zu gestalten.

Das Ego, welches seine Schwächen niemals akzeptieren kann, wird immer versuchen, das Unkontrollierbare zu kontrollieren. Aber jeder Augenblick des Lebens wird in der Gegenwart erfahren, weder die Vergangenheit noch die Zukunft existieren. Jene erleuchteten Seelen, die ihr Leben im Moment leben, werden niemals, und ich meine wirklich NIEMALS, an irgendeiner Abhängigkeit leiden.

Sich weder über die Vergangenheit noch über die Zukunft Gedanken zu machen, das stürzt Ihr Ego in das pure Chaos, und das kann es nicht akzeptieren. Sie haben sicher schon von den Anstrengungen gehört, Ordnung ins Chaos zu bringen. Das kommt direkt aus dem bewussten Denken der Menschen, welches stetig versucht, kommende Ereignisse vorherzusagen, indem es die Vergangenheit in die Zukunft projiziert, also annimmt, dass alles, was bisher schlecht gelaufen ist, auch in Zukunft schlecht laufen wird. Klingt das für Sie verrückt oder schizophren?

Gut, denn das ist es auch! Das Ego ist wahnsinnig, und seine ewige Unzufriedenheit mit dem Leben und den endlosen Listen mit Bedürfnissen, Wünschen und Ängsten verursacht den immerwährend fortlaufenden inneren Dialog, der Sie zum Wundermittel Alkohol greifen lässt. Durch das Trinken wird das Zwiegespräch unterbrochen, und der Schmerz lässt für einen Moment nach. Das Dopamin besänftigt das Ego, und Sie machen einen kleinen, trügerischen Schritt in Richtung Frieden. Wie vergeblich es ist, mit einer Droge die Pause-Taste zu drücken, zeigt die Tatsache, dass das Band weiterzulaufen beginnt, sobald die Wirkung nachlässt und Sie keine Sekunde von der düsteren Bandaufnahme verpasst haben. Sie haben nichts übersprungen und müssen durch all den Schmerz erneut hindurch, von dem Moment an, in dem Sie auf die Taste gedrückt haben. Zudem leiden Sie an Entzugsbeschwerden, die zu einem neurochemischen Ungleichgewicht im Gehirn führt.

Nun sollten Sie langsam erkennen können, warum Ihre Willenskraft in der Vergangenheit so unwirksam war. Die komplexen Gründe dafür, dass wir von etwas abhängig werden, werden weitestgehend missverstanden. Der zerstörerische Kreislauf hat nichts mit dem Trinken zu tun. Was Sie im Weiteren durch dieses Buch lernen werden, ist die Tatsache, dass die Lösung Ihres Problems im Hier und Jetzt liegt und nicht an einem Ort, an dem Sie irgendwann in der Zukunft ankommen werden.

Kapitel 4:
Sie sind nicht allein

Mehr als 80 Prozent der erwachsenen Bevölkerung in der westlichen Welt trinken also Alkohol. Von diesen haben mehr als 80 Prozent ein Problem damit, und von diesen wiederum würden 80 Prozent das nie zugeben. Zu allererst sollten Sie stolz sein, einen Schritt unternommen zu haben, zu dem die meisten Menschen den Mut nicht aufbringen. Denn Sie haben sich selbst eingestanden, dass Sie etwas beunruhigt sind. Und nicht nur das, Sie haben Ihr hart verdientes Geld sowie Ihr Vertrauen in mein System investiert, um die Kontrolle wiederzuerlangen. Ich kann es nicht stark genug betonen: Mit diesem vielleicht unscheinbaren Akt haben Sie sich in die Pole Position gebracht. Anzuerkennen, dass Sie ein Problem haben, bedeutet, dass Sie bereits zu 50 Prozent geheilt sind.

Bevor Sie jetzt aber in Jubel ausbrechen und ein Flasche Champagner öffnen (oder was immer Ihre bevorzugte Marke des reizvoll verpackten Giftes ist), möchte ich Sie warnen. Allem zum Trotz, was Sie dazu in der Vergangenheit gehört haben: „Wissen ist nicht Macht"! Wahr ist vielmehr, dass „Wissen eventuell Macht bedeuten kann". Wenn Sie mit dem Wissen nichts Sinnvolles anfangen, ist es nur ein nutzloser Haufen von Daten. Es ist eine schockierende Tatsache, dass 20 Prozent aller Leute, die sich einen Selbsthilfekurs, eine DVD oder dieses Buch anschaffen, davon nie ein Wort lesen oder hören. Weder wird die DVD eingelegt noch die erste Seite des Buches aufgeschlagen, ähnlich der berühmten Diät, die „kommenden Montag" beginnt. Diese Diäten beginnen immer erst „kommenden Montag", denn damit erteilen Sie sich die Erlaubnis, am Wochenende noch alles Mögliche in sich hineinzustopfen. Sie können sich dabei hervorragend selbst belügen, da Sie die allerbesten Absich

ten haben, den entstandenen Schaden am Montag zu reparieren. Wenn man wirklich Gewicht verlieren möchte, dann beginnt die Diät JETZT.

Übrigens: Warum Diäten bei 95 Prozent aller Menschen nicht funktionieren, liegt an der bereits ausführlich behandelten Willenskraft, mit der wir so richtig schön unglücklich und fett werden. Erinnern Sie sich: Da ist keine Kraft in der Willenskraft!

Nun haben Sie diese gewaltige Reise begonnen. Bleiben Sie nicht stehen. Und überspringen Sie kein Kapitel, um das „Geheimnis" oder die „Sofortlösung" zu suchen. Es war ja nicht so, dass Sie eines Abends zu Bett gingen und am nächsten Morgen als Alkoholiker aufwachten. Die Droge hat sich in Ihrem Gehirn über viele Jahre ihre eigenen Leitungsbahnen geschaffen – die Sofortlösung gibt es nicht. Das muss aber nicht heißen, dass Sie nun einen schmerzvollen Leidensweg vor sich haben. Es ist ein Aberglaube, dass nur die quälende Askese zum Erfolg führt. Damit haben Sie ja in der Vergangenheit bereits Ihre Enttäuschungen erlebt, nicht wahr? Es benötigt ein wenig Aufwand von Ihrer Seite, und vielleicht vermasseln Sie es dann und wann, aber wissen Sie was – das macht überhaupt keinen Unterschied. Sie sind kein Roboter, und solange Sie mit mir zumindest für die nächsten 21 Tage arbeiten, werden Sie aus diesem Prozess stärker, reiner und glücklicher denn je hervorgehen.

Natürlich nur, wenn Sie sich nicht immer noch die Frage stellen: „Habe ich überhaupt ein Problem mit dem Trinken?" Diese Frage wird öfter als jede andere an mich gerichtet. Bekäme ich jeweils nur einen Cent für jede E-Mail von Leuten, die mir ihre Trinkgewohnheiten schildern und dabei diese Frage stellen, könnte ich bereits morgen mit einem vollen Geldbeutel in Rente gehen.

Diese Frage kann ich am besten dadurch beantworten, dass ich übersetze, wonach Sie wirklich fragen: „Ich trinke gerne, aber ich bin etwas besorgt, nicht mehr damit aufhören zu können. Könnten Sie mir nicht bestätigen, dass ich damit kein Problem habe? Somit könnte ich meine Bedenken zerstreuen und mit dem Trinken weitermachen."

Sie haben zum Alkohol ein unnatürliches Verhältnis, und deswegen lesen Sie das Buch. Die normalen, gesellschaftlichen Gifttrinker denken über ihre Trinkgewohnheiten nicht nach, suchen nicht im Internet nach Rat und Hilfe und gehen nie so weit, sich ein Buch wie das vorliegende zu kaufen. Wenn man nämlich beginnt, seine Alkoholgewohnheiten zu hinterfragen, deutet das bereits auf eine gewisse Festigung derselben hin. Quälen Sie sie aber deshalb nicht, es ist eigentlich niemandem möglich, zum Alkohol ein natürliches Verhältnis zu haben, weil er ein hübsch verpacktes Gift ist. Die Behauptung, jemand trinke „normal" oder „nur in Gesellschaft", ist ein Mythos. Man kann eine suchterzeugende Droge nun einmal nicht „normal" zu sich nehmen.

Wenn Ihnen ein Freund anvertraute, dass er Klebstoff schnüffelt, es allerdings auf die Wochenenden beschränkt, würden Sie ihn deshalb als „geselligen" Klebstoffschnüffler bezeichnen? Oder wenn er sagte, er nehme Heroin. Wäre ihr Freund dann ein „normaler" Heroin-Konsument? Vielleicht finden Sie, dass ich mit diesen Vergleichen ziemlich ins Extreme abgleite, aber es gibt nur zwei Dinge, die den Alkohol vom Heroin unterscheiden.

Zum einen ist es die gesellschaftliche Akzeptanz. Von Geburt an nehmen wir den Alkohol stets in einem positiven Licht wahr. Wir ignorieren aber gern die wahre Wirkung dieser Substanz und vermuten dahinter eher einen pfiffigen Grund. Irgendwie scheinen wir zu glauben, der Alkohol mache uns für positive Gefühle und Empfindungen empfänglicher, und andererseits unterdrücke er negative Gefühle und helfe dabei, unsere Sorgen zu vergessen. Nur eine Substanz, die ihre neurochemische Wirkung willkürlich verändern kann, wäre dazu in der Lage. Aber in Alkohol steckt nun mal keine Intelligenz. Erinnern Sie sich: Er ist ein Abfallprodukt von verfaulenden pflanzlichen Stoffen und keine im Labor hergestellte schlaue Designerdroge.

Der zweite Unterschied zwischen Alkohol und anderen harten Straßendrogen liegt im Zeitaspekt. Es ist einfach, in kürzester Zeit von Heroin abhängig zu werden, da die Entzugserscheinungen wesentlich früher auftreten als bei Alkohol, bei dem sich das Unbehagen erst nach längerem Konsum aufbaut. Heroinentzug verursacht bereits früh enorme Schmerzen.

Und das war's schon mit den Unterschieden. Beide Drogen können Sie umbringen und werden das auch versuchen. Beide werden Ihnen erheblichen Schaden zufügen, und zwar gesundheitlich, in Ihren Beziehungen, bei Ihren Finanzen und in Ihrer geistigen Verfassung. Und beide werden Ihre Wahrnehmung so dramatisch verdrehen, dass Sie trotz allem darin noch positive Eigenschaften sehen, obwohl Sie davon immer tiefer runtergezogen werden.

Das ist unlogisch, und in Ihrem Innersten (Unterbewusstsein) verstehen Sie das. Das stärkste aller menschlichen Bedürfnisse ist die Selbsterhaltung, dies können Sie nicht abstellen. Ihr Kernprogramm lautet, um jeden Preis am Leben zu bleiben. Diese Information ist in jeder Ihrer Zellen verankert. Und jede einzelne Zelle weiß, dass Alkohol für Sie extrem gefährlich ist. Ihr Körper versucht ständig, Sie zu warnen, aber Sie haben gelernt, Warnsignale wie die folgenden als positive statt negative zu werten.

Unser Gesicht färbt sich langsam rot, oder wir beginnen zu schwitzen; wir belügen uns damit, das als Zeichen der Fröhlichkeit zu werten.

Wir verlieren unsere Hemmungen (die eigentlich dazu da sind, uns zu beschützen) und belügen uns damit, dass der Alkohol unser Selbstvertrauen und unsere Selbstachtung gestärkt hat.

Wir trinken dermaßen viel, dass das Gehirn die Kontrolle über unser Sprachzentrum verliert. Unser Sprechen wird zum Lallen, und trotzdem erkennen wir nicht, dass etwas nicht rundläuft.

Unser Gehirn hat eine Fehlzündung nach der anderen, und obwohl wir bereits heftig torkeln, anstatt geradeaus zu laufen, finden wir das besonders amüsant.

Schließlich gelangen wir an den Punkt, wo unser Körper verzweifelt ausruft: „Genug ist genug"! Er zieht die Notbremse, und das heißt, dass das Zeug aus unserem System raus muss. Mit anderen Worten, er zwingt Sie, sich zu übergeben. Und hören wir jetzt etwa auf dieses Warnsignal? Nein. Wir belügen uns damit, dass die Kotzerei ja ein Zeichen einer tollen Sauftour ist.

Alkohol hat mich belogen

Vielleicht fällt durch den Kater am nächsten Morgen endlich der Groschen, aber Fehlanzeige. Uns wurde ja von Kindesbeinen an erzählt, ein Kater sei etwas Natürliches. Denken Sie mal so: Wenn Sie jeweils einen heftigen Kater bekämen, sobald Sie ein Stück Toast äßen – würden Sie dann weiterhin unbekümmert Toastbrot konsumieren?

Vielleicht stehen Sie ja gerade unter Zwang, weil Ihnen dieses Buch von einem besorgten Familienmitglied, einem Freund oder Ihrem Arbeitgeber überreicht wurde. Ich kann Ihnen gar nicht sagen, wie viele besorgte Ehepartner und Lebensgefährten ich getroffen habe, die sich in einer Beziehung mit Menschen befinden, welche vehement darauf beharren, kein Trinkproblem zu haben. Bisher hat noch keiner von ihnen seine bessere Hälfte davon überzeugen können, dass er oder sie falschliegt.

„Alkohol hat mich belogen" soll Ihnen helfen, ein Verständnis dafür zu entwickeln, warum Sie heute stehen, wo Sie stehen, und warum wir alle vom Alkohol hereingelegt und betrogen werden – und wie das verlockend verpackte Gift mit Milliarden von Dollar an Werbeaufwand rund um den Erdball vermarktet wird. Alkoholtrinken ist wirklich der Wolf im Schafspelz, den die Leberspezialisten und Fachärzte (die sich immer wieder rührend darum bemühen, die Schweinerei aufzuräumen) bestens als den „stillen Mörder" kennen. Häufig ist der Schaden schon angerichtet, bevor Sie überhaupt spüren, dass es ein Problem gibt.

Die Wahrheit über die Abwegigkeit des Alkoholmarketings enthülle ich Ihnen im Online-Club, der tausenden Menschen wie Ihnen geholfen hat, trocken zu werden und trocken zu bleiben: www.CraigBeck.com.

Kapitel 5:
Alkohol – unsere Lieblingsdroge

D er große Staffellauf des Trinkens beginnt mit Ihren Eltern, und mit deren Eltern, und so weiter. Das Licht der Welt erblicken Sie als vollkommen hilfloses, schwaches und zerbrechliches Geschöpf, das von dem Bedürfnis nach Liebe getrieben wird. Seltsam anmutende Riesengestalten stehen um Sie herum, und nach einiger Zeit bemerken Sie, dass zwei der Giganten ein besonderes Interesse an Ihnen haben. Von diesen beiden werden Sie regelmäßig gefüttert, gepflegt und geliebt (obwohl Sie ständig wie am Spieß brüllen und ununterbrochen deren Zeit beanspruchen).

Für viele Jahre werden die beiden Menschen Ihnen als Götter erscheinen. Es ist vollkommen undenkbar, dass die zwei jemals falschliegen, Sie belügen oder in die Irre führen. Deren Worte und Taten sind für Sie das Evangelium, und bis zum fünften Lebensjahr akzeptieren Sie jede Information blind, die aus dieser Quelle stammt. Alles, was Sie in dem zarten Alter lernen und beobachten, wird in Ihrem Unterbewusstsein als reine Tatsache dauerhaft gespeichert. Mit anderen Worten heißt das, alles, was Sie Ihren Kindern bis zum fünften Lebensjahr beibringen und zeigen, und alles, was Sie tun, hat einen maßgeblichen Einfluss auf deren Entwicklung hin zum Erwachsensein.

Ihre Erfahrung mit Alkohol hat in dem Moment begonnen, als Sie ins Leben getreten sind. Es ist mehr als wahrscheinlich, dass damals die Riesengestalten um Sie herum Ihre Ankunft in der Welt mit Alkohol feierten. Sie zogen Korken aus reizvollen Flaschen, auf ihren Gesichtern zeichnete sich ein breites Lächeln ab, und der Raum füllte sich mit Gelächter – was musste das für eine fantastische Flüssigkeit sein.

Wie krank ist das denn? Zwei Menschen wurde ein so herrliches und einzigartiges Geschenk gemacht und die zwei beschließen, die freudige Ankunft mit einem Glas faulig schmeckenden Beruhigungsmittel zu zelebrieren, welches ihnen die Fähigkeit nimmt, das wundervolle Ereignis bewusst zu erfahren.

Alkohol zu trinken ist ein Brauch, der in der Familien von Generation zu Generation weitergegeben wurde wie ein defektes Gen oder biologisches Falschgeld. Sie sehen die Wahrheit hinter der Lüge, sobald Sie die Droge Alkohol gegen eine andere austauschen. Wenn sich Ihre Freunde in Ihrem Haus versammelten, um Ihr Neugeborenes zu sehen, und darauf drängten, es mit einer ordentlichen Portion Kokain hochleben zu lassen, bin ich sicher, dass Sie dazu etwas zu sagen hätten, oder?

Noch deutlicher wird die Sache, wenn Sie eine Droge einsetzen, die erst vor Kurzem für inakzeptabel erklärt wurde. Es ist nicht lange her, dass es für die Herren zwingend war, zu Ehren des Familienzuwachses eine stattliche Zigarre zu rauchen. Heutzutage wäre das der Gipfel der Verantwortungslosigkeit. Alkohol ist aber nichts anderes, er ist und bleibt eine Droge und sonst nichts.

„Jetzt warten Sie mal", werden Sie sagen, während Sie die Ihnen bereits bekannte Wahrheit weiter bekämpfen, „das kann man doch nicht vergleichen! Das Rauchen in Gegenwart eines Neugeborenen ist deswegen schlecht, weil das Baby zum passiven Mitrauchen gezwungen wird, während passives Mittrinken ja wohl nicht möglich ist." Das ist zwar im körperlichen Sinne richtig, aber Sie wissen, dass alles in diesem beeinflussbaren Alter Wahrgenommene zu einer Tatsache wird. Aus der Sicht des Kindes gibt es keinen Grund anzunehmen, dass die liebenden Riesengestalten etwas Gefährliches oder Falsches tun. Im Grunde genommen heißt das, dass es etwas Wunderbares sein muss, wenn die Götter trinken und davon glücklich werden. Im Laufe der weiteren Jahre wird das Kind noch tausendfach mitbekommen, wie der Alkohol immer mit Freude und Vergnügen einhergeht: Geburtstage, Weihnachten, Muttertag, Valentinstag und sogar bei Grillpartys innerhalb der Familie. Die Wiederholung ist die Mutter allen Lernens.

Aus dem Grund ist es ja undenkbar, eine Party ohne Alkohol zu schmeißen. Sie machen das so, weil es immer so gemacht wurde. Hätten Sie den Brauch allerdings nicht von Ihren Eltern übernommen und gäben Sie ihn nicht an Ihre Kinder weiter, so würde er sich verwässern und allmählich nicht mehr auftreten. Wir müssen keine aufwändigen Untersuchungen über mehrere Generationen hinweg betreiben, um diese Tatsache nachzuweisen. Beobachten Sie andere Kulturen. Im Hinduismus gibt es so viele Feste und Feierlichkeiten voller Fröhlichkeit, es wird gesungen und getanzt, und das alles, ohne dass irgendjemandem nur ein Tropfen Alkohol über die Lippen geht.

Nicht der Alkohol macht eine Party aus, sondern die Menschen. Aber geben Sie mal in Ihrem Teil der Welt eine Party ohne Alkohol; die Hälfte der Gäste wird sich bald in Richtung Kneipe verabschieden. Nicht das Fehlen von Alkohol sorgt für schlechte Stimmung. Es sind die Leute, die es nicht mehr unter Kontrolle haben, daher ohne Alkohol mies drauf sind und an nichts anderes denken können. Es liegt nicht an Ihrer Party, es ist die Gesellschaft, die uns allen zeigt, wie man sich von einer machtvollen und trügerischen Droge abhängig macht, und alles noch verschlimmert, indem sie uns vorgaukelt, das sei normal und in Ordnung.

Die meisten Leute, die täglich Wein trinken, behaupten, sie liebten den Geschmack. Das ist Unsinn. Alkohol schmeckt dermaßen übel, dass seine Hersteller notwendigerweise immer wirkungsvollere Wege finden müssen, um das zu überspielen. Der Körper ist ein erstaunliches und hochentwickeltes Meisterwerk der Natur. Trotz aller Lügen, welche Sie sich selbst an der Oberfläche eingebläut haben, können Sie die Regeln Ihres Körpers nicht brechen, die er im Verlauf von Jahrmillionen aufgestellt hat. In der Bedürfnishierarchie steht zuoberst die Selbsterhaltung, das heißt, um jeden Preis am Leben zu bleiben. Diese Information steckt in jeder Ihrer Zellen, in den Molekülen und den winzigsten Atomen Ihres Seins. Sie können nicht beschließen, Ihren Herzschlag zu stoppen oder nie wieder zu atmen. Sie können es deshalb nicht, weil das die höchste in uns eingebaute Regel brechen würde, nämlich die der Erhaltung des eigenen Lebens.

Alkohol schmeckt aus demselben Grund schlecht wie verdorbenes Fleisch oder verschimmeltes, pilzbefallenes Brot. Ihr Körper warnt Sie, dass Sie etwas konsumieren, das Sie einem gesundheitlichen Risiko aussetzt. Überlegen Sie Folgendes: In einem Operationssaal muss sowohl der Raum als

Kapitel 5: Alkohol – unsere Lieblingsdroge

auch das gesamte medizinische Personal zu 100 Prozent frei von Keimen, bakterieller sowie viraler Verunreinigung sein. Und womit schrubben die ihre Hände? Nicht mit Seife, sondern mit Alkohol, weil der jeden lebenden Mikroorganismus sofort tötet, sobald er damit in Kontakt kommt. Der Alkohol entzieht den Keimen die Feuchtigkeit, und das führt unweigerlich zur Implosion. Auf der Zellebene bewirkt der Alkohol gleichsam einen thermonuklearen Angriff, den nichts überlebt. Glauben Sie ernsthaft, dass Sie in sich einen faszinierenden Mechanismus tragen, der bei Ihnen den Prozess nicht stattfinden lässt? Sie meinen, Ihnen werde dieses gefährliche Desinfektionsmittel deshalb nicht den gleichen Schaden zufügen, weil Sie es mit ein wenig Preiselbeersaft vermischt haben?

Alkohol schmeckt schrecklich, Sie wissen das schon und haben es nur wieder vergessen. Genauer gesagt: Sie haben sich so konditioniert, dass Sie das Gegenteil glauben. Als Hypnosetherapeut kann ich Ihnen sagen, dass so etwas leicht möglich ist und in relativ kurzer Zeit wiederholt werden kann, um die Aussage zu beweisen. In der Hypnose wird das bewusste Denken und Beurteilen umgangen, sodass ich direkt mit Ihrem Unterbewusstsein sprechen und dort neue Überzeugungen platzieren kann, ohne dabei von Ihrem Ego gestört zu werden. Natürlich werden in der Therapie ausschließlich positive Suggestionen gegeben, die Ihrem Wohlergehen dienen. Es wäre allerdings möglich, Sie so zu konditionieren, dass Sie unerfreuliche Dinge als angenehm empfinden, wie zum Beispiel einen schmerzhaften Schlag auf Ihren Arm. Wenn ich während der Hypnose auf Ihren Arm schlage, Ihnen dabei sage, dass sich das wunderbar anfühlt, und das über mehrere Sitzungen hinweg wiederhole, so werden Sie allmählich beginnen, sich nach den Schlägen zu sehnen.

Sie können diesen Wesenszug des menschlichen Geistes mitunter in den abscheulichsten Situationen verfolgen. Werden Menschen entführt und gefangen gehalten, gequält und missbraucht, so beginnt das Opfer trotz der Gräueltaten nach einiger Zeit, für seinen Peiniger Gefühle zu entwickeln. Ungeachtet der durch diese Person erlittenen Qualen wird das Opfer auf die Umgebung konditioniert und beginnt, demjenigen gefällig sein zu wollen, der es gegen seinen Willen festhält. Das Phänomen wurde ausführlich von angesehenen Psychologen untersucht und ist als „Stockholm-Syndrom" bekannt geworden.

Bis zu einem gewissen Grad denke ich, dass Sie an einer Form dieses Syndroms leiden. Der Alkohol hat Sie für eine so lange Zeit misshandelt, dass Sie langsam fest daran glauben, er habe für Sie einen Nutzen. Sie haben sich in den Killer verliebt!

Ich sage es nochmals, Alkohol schmeckt schlecht, Ihr erster Kontakt mit ihm beweist das. Der erste Schluck vom Whiskey Ihres Vaters, als der nicht hersah, schmeckte der gut? Oder doch eher widerlich? Die meisten Leute fanden ihn ekelerregend und konnten sich nicht vorstellen, wie jemand etwas so Scheußliches regelmäßig trinkt. Der Geschmack ist heute noch derselbe, sodass die Ursache dafür, dass Sie Alkohol heute als wohlschmeckend empfinden, wohl bei Ihnen liegen muss. Sie sind darauf konditioniert, zu glauben, dass er gut schmeckt. Fühlen Sie sich aber deshalb jetzt nicht schlecht. Um den Status quo zu erreichen, bekamen Sie jede Menge Hilfe von der Gesellschaft und von der Werbewirtschaft.

Was Sie bisher vom Alkohol geglaubt und angenommen haben, sind reine Lügen und sonst nichts, das müssen Sie von nun an akzeptieren. Wenn ich Ihnen ein Glas mit reinem Alkohol hinstelle und Sie bitte, Ihren Finger kurz

Kapitel 5: Alkohol – unsere Lieblingsdroge

einzutauchen und ein wenig daran zu schmecken, würden Sie mit mir übereinstimmen, dass er grässlich schmeckt, und sollten Sie das Glas tatsächlich austrinken, wären Sie kurz darauf tot. Wirklich komisch, denn seit Ihrer Geburt wurden Sie darauf trainiert, das zu ignorieren und stattdessen den Alkohol zu einem natürlichen Teil Ihres täglichen Lebens zu machen, um unter Ihresgleichen als fröhliches und akzeptiertes Mitglied der Gesellschaft zu gelten. Das wirft uns auf eine primitive Entwicklungsstufe zurück, und bis zu einem gewissen Grad sind wir immer noch Herdentiere, das mag wohl auch ein Grund für die weltweite Abhängigkeit von dieser Droge sein.

Ein weiterer Grund wird wohl am besten erklärt durch einen Menschen, der deutlich klüger war als ich, nämlich der berühmte Psychologe Abraham Maslow. Maslow wurde bekannt für seine Theorie über die Hierarchie der Bedürfnisse, in der er darlegt, dass die Menschen von ihren unbefriedigten Bedürfnissen motiviert werden und dass niedrigere Bedürfnisse vor höheren befriedigt werden müssen.

Allen wiederkehrenden Kriegen, Morden und Betrügereien der Menschen zum Trotz glaubte er daran, dass die Gewalt nicht der wahren menschlichen Natur entspringt. Gewalt und andere Übel entstehen, wenn menschlichen Bedürfnissen entgegengewirkt wird. Mit anderen Worten werden sich Menschen, denen die Befriedigung der Grundbedürfnisse wie etwa Sicherheit vorenthalten wird, mit gewalttätigen Handlungen wehren. Maslow glaubte nicht, dass Menschen gewalttätig sind, weil sie Spaß an Gewalt haben – oder dass Menschen lügen, betrügen oder stehlen, weil sie es gern tun.

Nach Maslow gibt es allgemeine Bedürfnistypen (physiologische, Sicherheit, Liebe und Anerkennung), welche zunächst befriedigt sein müssen, bevor ein Mensch beginnt, uneigennützig zu handeln. Er nannte diese ersten vier Bedürfnisse „Defizitbedürfnisse". Solange wir bemüht sind, diese Verlangen zu stillen, befinden wir uns auf dem Weg des Wachstums hin zur Selbstaktualisierung.

Es ist gesund, die Bedürfnisse zu befriedigen, während es krank und unglücklich macht, sich jede Freude vorzuenthalten. Mit anderen Worten sind wir alle süchtig nach Befriedigung von Bedürfnissen, und das Verlangen muss und soll gestillt werden. Wenn wir uns nicht darauf konzentrieren, werden wir unwillkürlich krank. Die „Willenskraft" ist eine unwirksame und trügerische Waffe, die von unserem Ego geschaffen wurde. Als hätte Ihnen ein Feind ein Plastikschwert überreicht mit den Worten „Hier, verwende das zu deiner Verteidigung, wenn ich dich angreife!" Genau das macht einen kalten Alkoholentzug so mühsam. Sie wachen am Morgen auf und schwören sich, nie wieder zu trinken, aber bereits zu Mittag verspüren Sie einen so intensiven psychischen Juckreiz, dass Sie aufschreien möchten.

Willenskraft funktioniert deshalb nicht, weil sie Ihr Bewusstsein in einen Bürgerkrieg mit Ihrem Unterbewusstsein zwingt. Aus dem Grund überfällt Sie just in diesem Moment ein enormer Heißhunger, in dem Sie beschließen, eine Diät zu beginnen.

Hier ist das Geheimnis, mit dem Trinken aufzuhören: Sie müssen am Nichttrinken mehr Freude entwickeln als am Trinken. Beseitigen Sie das Bedürfnis zu trinken, indem Sie die wahre Natur des Alkohols verstehen lernen. Er steht nicht für eine gesellschaftliche Annehmlichkeit, sondern ist vielmehr ein nett verpacktes Gift. Allerdings arbeitet eine Multimilliarden-Dollar-Marketing-Maschinerie für alkoholische Getränke extrem hart daran, Sie vom Gegenteil zu überzeugen. Hier müssen Sie auf Ihr Bauchgefühl hören.

Kapitel 5: Alkohol – unsere Lieblingsdroge

Lassen Sie mich noch ein anderes Beispiel bringen. Ich habe zwei wunderbare Kinder, die ich über alles liebe und vergöttere. Vielleicht haben auch Sie Kinder, können daher diese Liebe nachvollziehen und verstehen, dass ich alles daransetze, die zwei vor den Übeln dieser Welt zu beschützen. Ich frage Sie nun: Wenn Sie sich ein starkes Rattengift besorgen, um mit einer Ungezieferplage Schluss zu machen, würden Sie das Gift dann in einer Schokoladenschachtel in Reichweite Ihrer Kinder aufbewahren?

Der Alkohol ist einer Tretmine sehr ähnlich. Sie treten drauf, und außer einem leisen Klicken erscheint alles in Ordnung – bis Sie Ihren Fuß wieder wegnehmen. Erst dann werden Sie feststellen, in welch ein Schlamassel Sie wirklich geraten sind.

Unser Verlangen zu trinken wird auch als Verteidigungsbedürfnis bezeichnet, welches einen starken Einfluss auf unser Handeln ausübt. Jeder von uns hat solche „Bedürfnisse", sie unterscheiden sich allerdings stark von Mensch zu Mensch. Einem Teenager mag vielleicht viel daran liegen, von der Gruppe akzeptiert zu werden. Ein Heroinabhängiger muss seiner Sucht frönen, um in der Gesellschaft normal funktionieren zu können, und da diese Sucht so starke Auswirkungen hat, wird er sich nicht dafür interessieren, was seine Mitmenschen davon halten.

Es gibt keinen Unterschied zwischen Alkohol und Heroin oder Alkohol und Nikotin, mit der Ausnahme, dass Alkohol einfach von der Gesellschaft anerkannt ist. Fragen Sie sich doch einmal, ob ich mit Alkohol als Getränk, wenn er als solches noch nicht erfunden wäre, nur die leiseste Chance hätte, die strengen Kontrollprozesse erfolgreich zu bestehen, welche Lebensmittel und Getränke heute für die Zulassung durchlaufen müssen.

Mittlerweile gibt es auf der ganzen Welt ein TV-Format, welches ursprünglich unter dem Namen „Dragon's Den" bekannt wurde. Dort unterbreiten Möchtegernunternehmer ihre Geschäftsidee einer Gruppe erfolgreicher Risikokapitalgeber mit dem Ziel, ihre Idee finanziert zu bekommen. Stellen Sie sich vor, mit Ihrem fabelhaften neuen Getränkezusatz namens Alkohol vor die „Dragons" zu treten und sie um Geld zu bitten. Das würde dann etwa so ablaufen:

Unternehmer: „Hallo Dragons! Ich bin hier, um euch um 1.000.000.000 Dollar zu bitten, um meinen neuen Getränkezusatz mit dem Namen Alkohol auf dem Markt platzieren. Möchten Sie ein Glas probieren?"

Eine kleine Kostprobe wird in die Gläser der Investoren gegossen, vorsichtig nimmt jeder davon einen Schluck...

Dragons: „Mein Gott, das schmeckt ja scheußlich!"

Unternehmer: „Ja, anfänglich schon. Aber wir haben es ziemlich umfangreich getestet und herausgefunden, dass sich die Menschen allmählich an den Geschmack gewöhnen. Zudem verwenden wir süß schmeckende Trägerflüssigkeiten wie Orangensaft oder Cola, um den eigentlichen Geschmack zu überdecken. Wenn sich die Kunden erst daran gewöhnt haben, fühlen sie sich großartig. Partys werden plötzlich zum Brüller, alles erscheint viel lustiger, und man entwickelt ein massives Gefühl der Euphorie und des Wohlbefindens."

Dragons: „Das klingt ja interessant, hat das Getränk auch irgendwelche Nachteile?"

Unternehmer (etwas verlegen): „Hmmm, nun, es gibt ein leichtes Risiko, sich dabei übergeben zu müssen, und die Gefahr, durch ungeschützten Geschlechtsverkehr Krankheiten zu übertragen. Und ja, er steigert manchmal die Gewaltbereitschaft und kann die Karrieren, das Ansehen und die Beziehungen der Menschen ernsthaft gefährden. Aber davon abgesehen denke ich, dass das Produkt ein großes Potential hat."

Dragons: „Da investiere ich nicht, ich bin draußen!"

Sie meinen, ich ginge wieder lächerlich weit mit meinen Beispielen? Nicht lächerlicher als die Menschen in der westlichen Welt, die behaupten, dass sich das abscheuliche Gesöff, dass sie als Kind im Geheimen probierten, sich irgendwie in ein herrliches aber hinterhältiges Getränk verwandelt habe. Alkohol schmeckt immer noch so ekelhaft wie eh und je, aber Sie haben zugelassen, dass ihnen das hübsch verpackte Gift eine rosarote Brille verpasst hat.

Ich habe für Sie ein Experiment. Warten Sie bis Freitagabend und beobachten Sie Ihre Freunde auf Facebook, Sie werden dort Statuszeilen lesen wie:

„Ich denke, es ist Zeit – man reiche mir den Wein!"

„Freitagabend, ich kann schon das Biermonster rufen hören!"

„Freitagabend, Essen zum Mitnehmen und eine Flasche Wein, wäre unanständig, es nicht zu tun, oder?"

„Wochenende, Gott sei Dank, endlich abhängen mit einer schönen Flasche Rot."

„Ein Riesenglas Wein genießen – ich liebe das Wochenende!"

„Noch ein freches Glas Wein für unterwegs!"

Speziell die letzte Zeile hat mich amüsiert, als könnten wir mit einem kleinen „frechen" Zusatz die Ernsthaftigkeit unseres Tuns wegargumentieren. So etwas würden Sie doch bei keiner anderen Droge schreiben. Stellen Sie sich vor, es wäre von Heroin die Rede gewesen. „Freitagabend, einen frechen Schuss Heroin, es wäre unanständig, es nicht zu tun, oder?"

Es ist Zeit, erwachsen zu werden und sich einzugestehen, dass Sie betrogen wurden. Ja, Sie! Der fröhliche und welterfahrene Mensch mit dem guten Job und der erfolgreichen Karriere. Der Mensch, der das alles erreicht hat, wurde mit dem ältesten Trick der Geschichte hereingelegt.

Sie wurden von einer Droge abhängig, und das verursacht Ihnen einen ständig wiederkehrenden psychischen Juckreiz, der Sie immer wieder dem Wunsch verspüren lässt, sich zu kratzen. Sie haben sich ein Defizitbedürfnis nach Maslow geschaffen, und sobald Sie es befriedigt haben, entstehen augenblicklich neue oder höhere Bedürfnisse, welche noch mehr als der physiologische Hunger Ihre Person dominieren. Und wenn Sie diese befriedigt haben, entstehen wieder neue und so weiter. Sobald ein Verlangen gestillt ist, taucht bereits das nächste auf.

Die nächstfolgenden Bedürfnisse nach Maslow sind die nach Liebe und Zugehörigkeit. Menschen wollen zu Gemeinschaften gehören: Clubs, Arbeitsgruppen, religiösen Vereinigungen, Familie, Banden usw. Dort fühlen wir uns von anderen geliebt, und zwar nicht im sexuellen Sinn. Mit anderen Worten: In Gemeinschaften können wir uns bedeutend fühlen. Wir wollen von anderen akzeptiert werden. Künstler lieben den Applaus. Wir brauchen es, gebraucht zu werden. In der Bierwerbung hören wir neben sexuellen Anspielungen oft die Botschaft, durch Bier komme man zu neuen Kumpels. Wann haben Sie den letzten Werbespot gesehen, in dem jemand mutterseelenallein Bier trinkt?

Aber gibt uns der Alkohol wirklich die Antwort auf unsere sozialen Bedürfnisse, kann er tatsächlich ein Gefühl der Liebe schaffen? Elvis Presley war möglicherweise einer der meistgeliebten Menschen auf unserem Planeten, und doch hatte die Liebe nicht ausgereicht. Er hatte versucht, das Gefühl der echten Liebe durch Alkohol und Drogen zu ersetzen, und das hatte ihn letztendlich umgebracht.

Kapitel 6:
Wer sich mit Hunden schlafen legt

Durch Willenskraft mit dem Trinken aufzuhören, ist auch deshalb so schwierig, weil das soziale „Kartenspiel" nicht zu Ihren Gunsten gemischt ist. Jedes Segment unseres ehrgeizigen westlichen Lebensstils ist mit dem Umstand verzahnt, dass Alkohol vermeintlich einen Anteil zu Ihrem allgemeinen Erfolg beiträgt. Sobald Sie sagenhaft wohlhabend geworden sind, wird es für Sie sofort zum „Muss", an Ihrem gediegenen Wohnsitz einen Weinkeller anzulegen, der mit den erlesensten Tropfen aus aller Welt reichlich bestückt sein sollte.

Vor einiger Zeit wurde in England eine Gruppe von Bankern durch die Medien scharf kritisiert, weil sie während eines einzigen Geschäftsessens nur für den Wein die Summe von 40.000 Pfund ausgegeben hatten. Die Marketing-Maschinerie hinter dem Alkohol ist um so vieles abartiger und kalkulierender, als das bei der Tabakindustrie jemals der Fall war. Sie sollen nicht nur davon überzeugt sein, dass Wein für Sie gut ist, sondern Sie müssen auch noch die besten Flaschen davon besitzen, um nicht als ein Niemand dazustehen.

Betrachten wir doch einmal den Champagner. Im Wesentlichen ist er nur ein kohlensäurehaltiger Weißwein aus einer ständig wachsenden Region in Frankreich. Man kann eine Flasche bereits für 15 Pfund bekommen oder mehrere tausend Dollar dafür ausgeben. Und speziell im total überteuerten Segment des attraktiv verpackten Gesöffs hat sich ein innerer Kreis der Vornehmtuer gebildet. Diese Leute sind um nichts kultivierter oder gebildeter als andere, sie gehören nicht einer höheren Klasse an, sie sind nur ein weiteres Beispiel von Menschen, die dem größten Betrug aller Zeiten auf den Leim gegangen sind.

Den Drang zu trinken bekämpfen zu wollen, wenn er durch das Diktat der sozialen Bestätigung noch verstärkt wird, käme dem Versuch gleich, im Armdrücken gegen einen Gorilla anzutreten. Wenn sich in Ihrem gesellschaftlichen Umfeld Leute befinden, die trinken, dann können Sie mir absolut glauben, wenn ich Ihnen sage, **dass die mit Sicherheit nicht wollen, dass Sie das Trinken aufgeben**. Warum das so ist? Sie sind sich sicher, dass diese Menschen um Sie besorgt sind und wollen, dass Sie Ihre persönlichen Ziele im Leben erreichen? Sie sind sich sicher, dass diese Menschen Ihren mutigen und schweren Schritt verstehen, den Sie gerade unternehmen, um Ihre Gesundheit zu verbessern, damit Sie Ihre Kinder und auch noch Ihre Enkel aufwachsen sehen können?

Trotz allem, was diese Menschen für Sie empfinden, egal wie viel Liebe und Einfühlungsvermögen sie Ihnen entgegenbringen, Ihre Freunde sind geblendet von ihrer eigenen Abhängigkeit. Sie erinnern sich, dass 80 Prozent aller Menschen, die Alkohol trinken, darüber bereits die Kontrolle

Kapitel 6: Wer sich mit Hunden schlafen legt

verloren haben. Zugegeben trifft das auf den einen mehr und auf den anderen weniger zu, aber jeder Einzelne von ihnen befindet sich auf exakt demselben Pfad. Alle Alkoholkonsumenten sitzen vor der Mausefalle und stopfen sich mit Käse voll, und zwar in der Illusion, alles unter Kontrolle zu haben. In Wahrheit liegt die Kontrolle bei der Mausefalle, und das war bereits vom ersten Glas an so.

Der Mensch ist primär von eigennützigen Motiven getrieben. Vereinfacht dargestellt sind das einerseits das Bedürfnis, Schmerzen zu vermeiden, und andererseits das Bedürfnis, Lust zu gewinnen. Ich werde darauf später noch näher eingehen, aber zunächst möchte ich es so erklären: Wenn Sie jemandem Schmerz zufügen, wird dessen Unterbewusstsein alles Mögliche dransetzen, um die Balance wiederherzustellen. Das heißt aber nicht, dass er die Bemühungen so lange fortführt, bis der Lustgewinn eintritt. In der Regel hält die Aktivität nur so lange an, bis der Schmerz nachlässt.

Tief in uns drinnen wissen wir alle, dass der Alkohol für uns schlecht ist. Alle Anzeichen dafür sind da, wir ziehen es einfach vor, sie zu ignorieren. Wenn Sie jetzt mit dem Trinken Schluss machen, dann heben Sie Ihre persönliche Norm an und stellen damit automatisch die tiefere Norm der anderen heraus, was jedem um Sie herum eine psychische Pein verursachen wird. Sie können das Phänomen beobachten, indem Sie auf eine Party gehen, wo der Alkohol in Strömen fließt, und dort verkünden, dass Sie den ganzen Abend nur Wasser trinken werden. Ich garantiere Ihnen, dass sich zumindest drei oder mehr Gäste auf Sie stürzen werden wie Vampire auf die Konserven in einer Blutbank. Sie werden sehen, wie verzweifelt man versuchen wird, Sie zum Trinken zu bringen. Sie werden Aufforderungen hören wie „Nur einen kleinen Drink!" oder „Komm schon, entspann dich, man lebt nur einmal! Und wenn Sie ein Mann sind, könnte sogar Ihre Sexualität in Fragen gestellt werden.

Wieso das denn? Warum werden wohlmeinende, gutherzige Individuen plötzlich zu Schulhof-Rüpeln, nur weil Sie keinen Alkohol trinken möchten?

Die Antwort darauf ist ganz einfach: Sie wollen nicht daran erinnert werden, dass sie mit dem, was sie tun, eines Tages aufhören müssen, und zwar aus freien Stücken oder gezwungenermaßen durch andere, missliche Umstände. Im Augenblick ist es für diese Leute einfacher, den Schmerz zu beseitigen, indem sie Sie, der Ihre Schwäche hervorhebt, wieder zum Trinken animieren, statt das eigene Problem anzusprechen. Der Mensch neigt dazu, den Weg des geringsten Widerstandes zu gehen.

Somit erinnere ich Sie in diesem Abschnitt immer wieder daran, dass Sie mit Flöhen aufwachen werden, wenn Sie sich mit Hunden schlafen legen. Wenn Sie das nächste Mal in der Kneipe sind und man Ihnen einen Drink anbietet, Sie aber ablehnen mit dem Hinweis, nicht durstig zu sein, und dann das Gelächter über Sie losgeht, Sie fast beschimpft werden und man Sie anfleht, Ihre himmelschreiende Entgleisung zu korrigieren, dann erinnern Sie sich, dass Sie eigentlich auf der höheren Stufe stehen und nicht umgekehrt.

Bevor ich von England nach Zypern auswanderte, wollte ich mir einen Vorsprung verschaffen, indem ich Unterricht in der griechischen Sprache bei einer fantastischen Lehrerin namens Linda Weaver aus Warrington nahm. Linda hatte nahezu 20 Jahre in Griechenland gelebt und in dieser Zeit sogar einen Griechen geheiratet. Sie hat ein ausgezeichnetes Verständnis dieser Sprache und ist eine äußerst fähige und anerkannte Pädagogin in dem Fach. Allerdings schaffte ich es trotz größter Anstrengung nicht, die komplexe Landessprache Zyperns, meiner künftigen Heimat, in den Kopf zu bekommen. Ich glaube, der Grund lag daran, dass ich mich jeweils nur eine Stunde pro Woche dem Unterricht in Lindas Sprachzentrum unterzog. Sobald ich ihr hübsches Vorortdomizil verlassen hatte, hörte ich kein Wort Griechisch mehr, bis ich etwa eine Woche später wieder zum Unterricht kam.

Wie auch immer schien sich meine Fähigkeit, die griechische Sprache zu sprechen, nur dann auf tiefem Niveau zu bewegen, wenn ich in England war. Sobald ich aber auf Zypern gelandet war, nahm ich neue Sätze und Vokabeln in einem spektakulär schnellen Tempo auf. Nach nur wenigen Wochen auf Zypern konnte ich mit den meisten Menschen, mit denen ich in Kontakt trat, bereits gut kommunizieren. Sollte es tatsächlich einen so großen Unterschied machen, wenn man von den Dingen, die man anstrebt, umgeben ist?

Die Antwort darauf ist ein überzeugtes Ja. Es liegt an der menschlichen Fähigkeit, sich anzupassen, und das ist gleichsam der Grund für unseren Erfolg wie für unsere Schwächen. Stellen Sie einen Engländer in ein fremdes Land und er wird allmählich zu einem Einheimischen, der in der Lage ist, die kulturellen Eigenheiten zu absorbieren und sie zu einem Teil seiner Persönlichkeit zu machen. Dummerweise sind wir genauso gut darin, uns schädliche und gefährliche Eigenschaften anzueignen, wie wir das bei den positiven Charakterzügen vermögen. Auch wenn der menschliche Körper grundsätzlich nicht gern in einem Milieu lebt, in dem er von seinem „Hausherrn" regelmäßig mit einem suchterzeugenden Gift geflutet wird, so wird er sich dieser Lebensführung anpassen in der festen Entschlossenheit, trotzdem zu überleben und gut zu gedeihen.

Wenn Sie von Trinkern umgeben sind, befinden Sie sich in einem entsprechenden Umfeld, und der Prozess wird ein wenig schwieriger. Raucher, die einen qualmenden Partner haben, werden es sehr viel schwerer haben, damit aufzuhören, als jemand, der in einem sonst rauchfreien Zuhause lebt. Es gibt nichts, das Sie tun könnten, um die Menschen um Sie herum zu ändern, daher sollten Sie es gar nicht erst versuchen. Bitte sehen Sie davon ab, Ihre Freunde und Kollegen vom Inhalt dieses Buches überzeugen zu wollen, die wollen es nicht hören. Das wirksamste Gegengewicht zu diesem Problem liegt darin, sich in der Gesellschaft gleichgesinnter Menschen aufzuhalten. Verbringen Sie Ihre Zeit mit Menschen, die wie Sie die Wahrheit hinter dem Alkohol erkannt und einen nüchternen und besonnenen Lebensweg beschritten haben. Sie finden sie in den Foren des Online-Clubs von „Alkohol hat mich belogen", einer Gemeinschaft von Menschen wie Ihnen, die der Falle der Alkoholabhängigkeit entkommen sind (www.CraigBeck.com). Diese Menschen sind jederzeit bereit, Ihnen zu helfen und Sie auf Ihrer Reise zu unterstützen.

Vielleicht finden Sie es eigenartig, wenn ich Sie davor warne, anderen diese Botschaften predigen zu wollen. Immerhin bin ich Autor und lebe von den Einkünften aus dem Buchverkauf. Warum sollte ich Sie auffordern, die Methode wie ein Geheimnis zu hüten.

Der Alkohol ist derart fest im kollektiven Bewusstsein verankert, dass Sie seltsame Situationen beobachten werden, wenn Sie mit dem Trinken endgültig aufhören. Gerade während ich diese Zeilen schreibe, gab es passenderweise kurz zuvor eine ebensolche Situation . Ich tippte den Abschnitt von „Alkohol hat mich belogen" in einer Höhe von etwa 10.000 Meter über den französischen Alpen auf meinem Flug von Manchester in England nach Larnaka auf

Kapitel 6: Wer sich mit Hunden schlafen legt

Zypern. Beim Einsteigen ins Flugzeug begrüßte mich ein wohlbekanntes Gesicht. Andrea, eine Freundin, die ich viele Jahre nicht gesehen hatte, arbeitet jetzt für diese Fluglinie und war auf dem Flug die Chef-Stewardess. Ich fühlte mich schon ein wenig besonders, von der Flugbegleiterin umarmt und geküsst zu werden, während Sie mir meine Bordkarte abnahm (so etwas kommt in der Regel ja nicht vor). Als Sie mich umarmte, flüsterte Sie in mein Ohr „Sei unbesorgt, ich kümmere mich darum, dass du gut aufgehoben bist."

In der ersten Klasse gab es zwar keinen freien Platz mehr, aber mir wurde dennoch eine bevorzugte Behandlung zuteil, allerdings zum Ärger der anderen Fluggäste, wie ich vermutete. Ich bekam eine Sitzreihe für mich und eine knappe halbe Stunde nach dem Abflug wurde ich bereits gefragt, ob ich gern ein, wohlgemerkt kostenloses, Getränk wünschte. Ich entschied mich für einen Kaffee. Eine Stunde später fragte mich dieselbe Stewardess erneut und ich bat um etwas Orangensaft und Knabbergebäck, welches sie mir augenblicklich und freundlich mit einem Lächeln servierte. Kurz danach kam Andrea persönlich und erkundigte sich mit einem leichten Ausdruck von Unverständnis „Willst du nicht ein Glas Wein oder einen Whiskey?" Ich versicherte Ihr, dass alles in bester Ordnung sei, und sie lächelte mir etwas enttäuscht zu, während sie sich einem anderen Passagier zuwandte, der sich mit einem Wunsch gemeldet hatte.

Nach nur etwa einem Drittel des fünfstündigen Fluges durfte ich dank meiner Freundin, der Flugbegleiterin, Kaffee, Orangensaft, Mineralwasser, ein warmes Essen und eine Cola vollkommen gratis genießen. Aber irgendetwas war nicht in Ordnung. Andrea setzte sich auf den freien Platz neben mich und fragte nochmals: „Bist du sicher, dass du keinen Wein möchtest?" Ich lächelte zurück und versicherte ihr, es gehe mir hervorragend. Ihr Gesicht legte sich in

Falten der Verwirrung. „Musst du noch Auto fahren, trinkst du deshalb nichts?", fügte sie hinzu. Ich hob unbewusst meine Hand, um nochmals zu unterstreichen „Nein, Andrea ehrlich, mir geht es sehr gut und ich brauche keinen Wein". Sie nickte ein „Okay", lächelte und ging, offensichtlich perplex über den seltsamen Kerl, der mit der Aussicht auf einen Gratis-Drink keinen Freudentanz aufführte. Als sie so den Gang entlang schritt, überkam mich ein deutliches Gefühl, dass ich Sie irgendwie beleidigt hatte. Es konnte aber unmöglich daran gelegen haben, dass ich ihre Großzügigkeit abgelehnt hätte. Ich hatte nahezu den gesamten Flug lang gegessen und getrunken wie ein König und für das Privileg keinen Cent bezahlt. In einer Gesellschaft, in der 80 Prozent der Menschen aus anscheinend geselligen Motiven Gift trinken, werden Sie solche Begebenheiten immer wieder erleben, speziell wenn es den Alkohol gratis gibt.

Gratisgift abzulehnen scheint wohl die anstößigste Sache zu sein, die Sie in einer höflichen Gesellschaft begehen können. Diese Handlung verursacht der Person, die Ihnen den Alkohol anbietet, großes Unbehagen und Misstrauen. Wenn Sie nach einem alkoholfreien Getränk fragen, wird Ihnen die Person natürlich versichern, das sei kein Problem , aber auf dem Weg zum Eisschrank zeichnet sich auf ihrem Gesicht wohl der unaufrichtigste Ausdruck ab, den Sie jemals zu sehen bekommen werden.

Wie erklären Sie Ihren Entschluss, von nun an ein nüchternes Leben zu führen? Mein Ratschlag an Sie ist, es einfach nicht zu tun; nicht Sie sind es, der etwas falsch macht. Nach meiner Erfahrung ist es das Beste, sich nicht dafür zu rechtfertigen, dass Sie keinen Alkohol trinken. Fühlen Sie sich keinesfalls zu handfesten Ausreden gedrängt wie „Ich nehme gerade Antibiotika", denn das verlagert die Verhöre nur in die Zukunft, und irgendwann treffen Sie Ihr Gegenüber wieder in Gesellschaft. Die Tatsache, dass Sie als Außenseiter dargestellt werden, weil Sie keine toxischen Stoffe einnehmen wollen, ist ein klarer Beweis dafür, wie verquer das kollektive Denken um diese Droge geworden ist. Eigentlich sollten die anderen Ihnen erklären, warum sie unbedingt ein Suchtgift trinken wollen.

Lehnen Sie es in geselligen Situationen höflich, aber bestimmt ab zu erklären, warum Sie nicht trinken. Es gibt keinen Grund, Ihre Abstinenz zu rechtfertigen. Genauso wenig dürfen Sie allerdings anderen Ihre Sicht der Dinge aufzwingen. Das wäre ein vollkommen fruchtloses Unterfangen und reine Zeitvergeudung. Es wäre wahrscheinlich einfacher, jemandem, der in einem Zelt lebt, Doppelglasfenster zu verkaufen. Diese Leute werden Ihnen nicht abnehmen, was Sie anzubieten haben.

Einer meiner Freunde sagte mir, dass er Menschen, die nicht trinken, nicht vertrauen könne. Das ist nun wirklich eine beeindruckende Gehirnwäsche. „Sehr verehrter Herr Alkohol, stehen Sie auf und verbeugen Sie sich. Sie haben es geschafft, 80 Prozent der westlichen Welt mit der Überzeugung zu programmieren, dass den Menschen, die nicht aus reinem Spaß Gift trinken wollen, ein fragwürdiges Urteilsvermögen zugesprochen werden muss." Wenn es nicht so dermaßen traurig wäre, müsste man von einer nahezu einmaligen Manipulationspsychologie sprechen. Stellen Sie sich vor, McDonald's könnte mit einer so wirksamen Marketing-Strategie erreichen, dass die Gesellschaft denkt, es seien die Fettleibigen, die nicht genug Fast-Food zu sich nehmen.

Kapitel 7:
Schwellenmomente

Widmen wir uns nun etwas mehr dem Thema Motivation und der Theorie, dass wir alle Sklaven zweier Grundbegierden sind, die uns antreiben: Schmerz zu vermeiden und Lust zu empfinden. Alles in Ihrem Leben, dass sich auf der einen oder anderen Ebene abspielt, richtet sich nach den beiden Grundbedürfnissen. Ein einfaches Beispiel, um das zu veranschaulichen, besteht darin, Sie aufzufordern, Ihren Körper genau zu betrachten. Es ist unwahrscheinlich, dass Sie nichts finden, was Ihnen nicht so gut gefällt oder was man nicht ein wenig verbessern könnte. Immerhin sind wir ja selbst unsere schärfsten Kritiker, und ob es die Form oder der Umfang Ihres Körpers ist oder Sie mit bestimmten Zonen nicht zufrieden sind, Sie werden zweifelsfrei etwas finden, das Ihrer Meinung nach verbessert werden könnte.

Die große Frage lautet also: Warum tun Sie denn nichts dafür? Warum schaffen übergewichtige Menschen, die mit sich schmerzhaft unzufrieden sind, ihr Problem nicht aus der Welt? Warum verbessern Leute, die außer Atem geraten, wenn sie ein paar Stufen hochlaufen, nicht ihre Fitness? Die Antwort liegt in der verinnerlichten Überzeugung, dass der Aufwand mehr Schmerzen verursacht als das Vergnügen, das man sich durch die erfolgreiche Übung verschaffen könnte.

Für einen übergewichtigen Menschen, der sein Spiegelbild hasst und während des Kleiderkaufs in eine Depression fällt, weil es die Designer-Klamotten, die er so liebt, in seiner Größe nicht gibt – für diesen Menschen wäre es ein wunderbares Gefühl, so schlank, gesund und athletisch zu werden, wie er es sich immer erträumt hat. Darüber sind wir uns einig. Diesem Menschen würde es eine riesige Genugtuung verschaffen, die Straße entlangzulaufen und die bewundernden Blicke der Passanten auf sich zu ziehen, weil jedes Kleidungsstück an dem wohldefinierten und wie gemeißelten Oberkörper fantastisch säße. Brächte eine solche Genugtuung nicht Freude genug, um die Qualen einer Diät auf sich zu nehmen? Angesichts der ständig steigenden Zahl von Fettleibigen scheint das nicht der Fall zu sein.

Tatsächlich unternehmen Menschen bedeutend mehr, um Qualen und Schmerzen zu vermeiden, als um sich Freude und Vergnügen zu verschaffen. Während natürlich jeder gern den Körper eines Supermodels hätte, erscheint den meisten der Weg dorthin doch zu beschwerlich und schmerzhaft, um an eine Realisierung auch nur zu denken. Somit stecken sie in einer Vorhölle fest mit den meisten Dingen in ihrem Leben, mit denen sie unzufrieden sind. Zwar sind sie mit der Menge an Geld, die sie verdienen, nicht wirklich glücklich, verbleiben jedoch lieber in ihrer mittelmäßigen Stellung, anstatt einmal unter Schmerzen ihre Komfortzone zu verlassen, um ein besser ausgebildeter, versierter, erfahrener und spezialisierter Mitarbeiter zu werden. Wie viele Menschen bleiben in ihren Sackgassen-

Kapitel 7: Schwellenmomente

jobs, voller Tagträume von einer Selbständigkeit, in der sie ihr eigener Chef wären, aber sie unternehmen nichts, rein gar nichts dafür.

Genau das passiert auch mit dem Alkohol. Sie wissen tief in Ihrem Inneren, wie viel glücklicher Sie wären ohne das Gift, das tagtäglich durch Ihr System gespült wird. Sie wissen, dass Ihnen mehr Geld in der Tasche bliebe, dass Sie mehr Zeit in einem klaren Wachzustand verbrächten und seltener an den Folgen eines Absturzes mit Suff-Paralyse litten. Sie wissen, wie wunderbar es wäre, sich keine Gedanken machen zu müssen, ob Sie heute einen Drink nehmen oder nicht – warum also packen Sie die Sache nicht an? Ganz einfach, im Moment verbinden Sie mit dem Aufgeben des Trinkens mehr Schmerz und Qual, als Sie vergleichsweise dadurch an Freude und Wohlbefinden erzielen könnten.

Wegen der sich ständig wandelnden Bedürfnisse und Ansprüche Ihres Ego nehmen Sie auch das, was Freude oder Schmerz bereitet ständig anders wahr. Dieses Buch haben Sie sich höchstwahrscheinlich gekauft, weil Sie erlebt haben, was ich einen Schwellenmoment nenne. Hauptsächlich muss etwas geschehen sein, das vorübergehend Ihre Werte aus dem Gleichgewicht gebracht hat. Ein traumatischer Vorfall, der Ihnen dermaßen viel Schmerz verursacht und Sie damit in eine Phase des massiven Umdenkens geleitet hat. Ich gebe Ihnen ein Beispiel von solchen Schwellenmomenten, die mit dem Trinken in Zusammenhang stehen, bevor ich Ihnen meinen eigenen verrate:

Ihr Leben verläuft so nett in Ihrem engstirnigen und ironischen Zustand, in dem Sie sich stets scharfsinnig bewusst sind, dass Sie viel zu viel trinken und Ihrer Gesundheit, Ihrer Karriere und Ihren liebsten Menschen vielleicht ernstlichen Schaden zufügen. Und dennoch öffnen Sie Abend für Abend eine Flasche Wein, sobald Sie von der Arbeit nach

Hause kommen, und ignorieren dabei fröhlich-arrogant alle Warnsignale Ihres Körpers. Sie sitzen vor dem Fernsehgerät; Ihr Ego ist sediert und behaglich benommen von dem Glas Alkohol, das sich trostspendend in Ihrer Hand befindet. Ihre fünfjährige Tochter erscheint und zeigt Ihnen stolz eine Zeichnung, die sie mit viel Mühe, Sorgfalt und Liebe angefertigt hatte. Es ist ein farbenfrohes Bild von Ihnen, ihrem Papi, auf dem Sie eine Flasche Wein in der Hand halten. Das trifft Sie unversehens wie eine Tonne Ziegelsteine – so werden Sie von Ihrer Tochter wahrgenommen. Durch seine reinen, unschuldigen Augen sieht das Kind Sie als den Suchtkranken, der Sie eigentlich sind. Kinder sagen oft, was sie sehen, und zwar ohne den Zwang, ein Blatt vor den Mund zu nehmen oder Gefühle zu schonen. Sie sagen es, wie es ist.

Für einige wäre das so ein Schwellenmoment, ein kraftvolles Ereignis, das ein Umdenken zur Folge hätte. Das „Schmerz gegen Freude"-Verhältnis bekommt einen heftigen Stoß in eine Richtung versetzt, und Sie realisieren, dass es an der Zeit ist, etwas zu tun. In der Regel erleben Leute, die daran sind, dem hübsch verpackten Gift zu entsagen, auf ihrem Weg mehrere solche Momente, und zwar in ansteigender Intensität.

Und nun zu meinem eigenen, persönlichen Schwellenmoment:

Ich bin auf wunderbare Art und Weise gesegnet: Ich habe zwei großartige Kindern, elf und sieben Jahre alt, und man könnte sagen, dass ich mich in der Vergangenheit damit schuldig gemacht hatte, das niemals angemessen gewürdigt zu haben. Und ohne den geringsten Hauch von Ego kann ich behaupten, dass die beiden stets zu mir als den fehlerfreien und makellosen Vater aufgeblickt haben. Meine damalige Frau war bereits aus gesundheitlichen

Gründen im Ruhestand, und somit war ich der Alleinverdiener. Ich kann Ihnen gar nicht sagen, wie viele schöne und lustige Tage mit meiner Familie hätten stattfinden können, wenn ich es nicht vereitelt hätte, weil keine Aussicht darauf bestand, irgendwie an einen Drink zu gelangen. Ich will mich gar nicht damit quälen herauszufinden, wie oft ich mich für eine bestimmte Variante der Freizeitgestaltung entschied, nur weil ich wusste, dass es da Alkohol gab. Meine Kinder hätten vielleicht mit Variante A den größten Spaß gehabt, und meiner Frau wäre allenfalls mehr an Variante C gelegen, da aber Variante B diejenige war, in der ich an Alkohol rankam, war die Entscheidung gefallen, denn ich konnte mir nicht vorstellen, dass irgendetwas ohne einen Drink Spaß machen würde.

An dieser Stelle sei daran erinnert, dass es überhaupt nichts bringt, sich wegen der Fehler in der Vergangenheit selbst zu quälen. Die Vergangenheit ist zwar wichtig, aber nur insofern, als sie uns dahin gebracht hat, wo wir heute stehen. Für das Morgen ist sie ohne jede Bedeutung. Nur weil ich in der Vergangenheit falsche Entscheidungen getroffen habe, bin ich nicht gezwungen, diese zu wiederholen. Und zwar weder morgen noch zu irgendeinem Zeitpunkt in der Zukunft. Jeder Sonnenaufgang bringt eine aufregende und neue Gelegenheit, alles richtig zu machen. Vertrauen Sie mir – ich weiß, dass Sie am Start einer schwierigen Reise stehen. Aber Ihr Engagement, in dieses Buch zu investieren (und sich nicht mit dem Geld Ihren Lieblingsdrink zu finanzieren), ist eine gewaltige und dramatische Absichtserklärung.

Woody Allen sagte, *80 Prozent des Erfolges liegen bereits darin, einfach nur zur erscheinen*. Wenn Sie nun wegen eines schmerzhaften Schwellenmoments dieses Buch in Händen halten, lassen Sie es aber nicht zu, dass sich Ihr

Gewissen mit dem bloßen Kauf des Buches beruhigt zeigt. Sie müssen den Inhalt wieder und wieder in sich aufnehmen; verwenden Sie auch regelmäßig die Hypnose zur gewünschten Neuprogrammierung Ihres Unterbewusstseins.

Jedes Mal, wenn Sie Ihr Ego auf frischer Tat dabei ertappen, wie es wieder die Kontrolle über Ihre Entscheidungen an sich reißen möchte, verringern Sie seine Macht nur um den Bruchteil eines eines Prozents. Wenn Sie das aber konsequent über einen längeren Zeitraum tun, bin ich sicher, dass Sie in eine strahlende Zukunft gehen, in der jeder einzelne Tag lebenswert ist und Sie keinen Augenblick davon verpassen möchten.

Als ich Vater wurde, war ich fest entschlossen, viel näher bei meinen Kindern zu sein, als das mein Vater bei mir war. Ich wollte immer da sein, als der Papi, an den sie sich wenden konnten, egal womit. Ich würde der Vater sein, der seinen Sohn zum Fischen mitnimmt und seine Tochter auf das angesagte Popkonzert begleitet. Meine Kinder und meine Frau sollten sicher, geborgen und glücklich sein. Sie würden sich niemals um Rechnungen kümmern müssen oder darum, ob wir uns dies oder das leisten könnten. Ich würde einfach so hart arbeiten, wie es nötig ist, um das möglich zu machen. Was ich allerdings bei dem großartigen Plan niemals bedacht hatte war: Was würde geschehen, wenn man mich aus der Gleichung herausnähme. Was würde geschehen, wenn ich nicht mehr da wäre, um meine Familie zu versorgen und zu beschützen? Im Jahr 1997 musste ich plötzlich eine solche Situation als real und wahrscheinlich in Betracht ziehen. Das war mein Schwellenmoment.

Zu dieser Zeit trank ich täglich etwa zwei Flaschen Wein und belog mich dabei immer noch überreichlich selbst. Ich dachte, weil ich nicht schon morgens trank und der Alkohol meine Arbeit nicht beeinflusste, sei ich weit davon entfernt,

Alkoholiker zu sein. Um ehrlich zu sein und wie Sie schon wissen, kann und konnte ich das Wort „Alkoholiker" nicht ausstehen. Es beschreibt für mich eher den Kerl in der Gosse, der den billigen Fusel aus der braunen Papiertüte zwitschert, aber nicht mich. Ich konnte unmöglich ein Alkoholproblem haben. Ich war Direktor von zwei Firmen, und soeben hatte man mich zum Vorsitzenden einer Kinderhilfsorganisation berufen. Und trotzdem war das Erste, was ich jeden Abend tat, eine Flasche Wein zu öffnen und eine Hälfte davon mit einem Riesenschluck hinunterzustürzen, ebenso gierig wie ein Freitaucher, der aus den Tiefen des Meeres kommt und an der Oberfläche nach Luft schnappt. Und wenn ich dann ins Bett fiel, war auch die zweite Flasche leer; eventuell goss ich den letzten Schluck weg, sodass ich aufrichtiger Weise sagen konnte, keine zwei vollen Flaschen getrunken zu haben, sollte mich meine Frau am nächsten Morgen danach fragen.

Ich halte mich für relativ intelligent, und dennoch schüttete ich den letzten Schluck in den Ausguss, damit ich meiner Frau guten Gewissens ins Gesicht lügen konnte. Es ist erschreckend, mit welchem Tunnelblick wir unnatürliches Verhalten ignorieren, statt es als Warnsignal zu erkennen.

Als mein Problem den Gipfel erreicht hatte, konnte ich mich nicht einmal im Kino auf einen Film konzentrieren, ohne ans Trinken zu denken. Kinos sind voll mit Popcorn, Süßigkeiten und Riesenbechern gefüllt mit Sprudelgetränken, aber man kann schlecht eine Flasche Alkohol mitnehmen. Das war ein Problem für mich (obwohl es mir damals ziemlich normal vorkam). Nach einem harten Arbeitstag war es nicht fair, mir meinen Drink zum Kinofilm vorzuenthalten. Daher nahm ich manchmal eine dieser Viertelliterflaschen Whiskey mit und mischte ihn in den Getränkebecher mit Cola, um daran während des Films zu nuckeln. Wenn Sie der Alkohol einmal gepackt hat, lässt er Sie so leicht nicht wieder los. Der Griff wird immer fester; verlassen Sie sich nicht darauf, dass sich diese Situation mit der Zeit wieder entspannt. Wenn Sie jetzt das Problem ignorieren, kann es nur schlimmer werden.

Nach besonders „anstrengenden" Festtagen verspürte ich im Januar 1997 einen dumpfen Schmerz in der rechten Bauchgegend unterhalb der Rippen. Zunächst tat ich es ab mit einer Reihe von Beschwichtigungen, es handele sich wahrscheinlich nur um unbedenkliche, kleinere medizinische Störungen wie eine leichte Lebensmittelvergiftung oder eine Gluten-Unverträglichkeit. Ich dachte sogar daran, 300 Pfund für einen Bluttest auf Lebensmittelallergien auszugeben. Ich hatte wohl alles in Betracht gezogen, nur nicht das Offensichtliche, nämlich die zwei Flaschen Wein pro Tag und die zusätzliche Flasche Whiskey am Wochenende, die mein Innenleben ebenso zerstörten, wie der Alkohol auf der Zellebene alles Leben eliminiert.

Im Februar 1997 begann der dumpfe Schmerz, mich am Schlafen zu hindern, und ich suchte im Internet nach meinen Symptomen. Als ich die möglichen Ursachen für meinen Schmerz las, bekam ich es mit der Angst zu tun. Eine Webseite nach der anderen deutete auf Leberkrebs, Leberversagen, Leberzirrhose, Schaden an der Bauchspeicheldrüse oder durch Alkohol verursachte Erkrankung der Gallenblase. Die Liste ging nahezu endlos weiter; alles grauenhafte Krankheiten, durch Alkohol ausgelöst, und viele davon waren als unheilbar beschrieben. Ich vereinbarte sofort einen Termin mit meinem Arzt.

In meinem ganzen Leben war ich nie ernsthaft krank. Zum Arzt ging ich nur bei einer Erkältung oder einer gewöhnlichen Atemwegserkrankung. Von Medizinern war ich gewohnt zu hören, dass sich die Heilung nach einiger Zeit fast

Kapitel 7: Schwellenmomente

wie von selbst einstellen wird oder ich lediglich eine geringe Dosis an Antibiotika benötigte, um zu gesunden. Dieses Mal war es anders.

Ich saß im Wartezimmer und bebte vor Angst. Dann betrat ich den Behandlungsraum und erklärte dem Arzt meine Symptome. Er fragte mich, wie viel Alkohol ich im Durchschnitt trinke, und ich belog ihn und sagte, früher hätte ich viel getrunken, mittlerweile gebe es jedoch nur ein Glas Wein am Abend. Können Sie glauben, dass ich, obwohl an diesem kritischen Punkt angelangt, immer noch log? Natürlich können Sie es glauben – Sie tun es ja auch noch. Es ist die Macht dieser Droge, die wir an Festlichkeiten bereitwillig unseren Kindern anbieten als Zeichen, dass sie nun erwachsen sind. In ernstlicher Angst um mein Leben und von Angesicht zu Angesicht mit einem medizinischen Profi, der da war, um mir zu helfen, log ich weiter, nur um das Trinken nicht verboten zu bekommen. Obwohl ich im Begriff war, mich langsam umzubringen, konnte ich den Gedanken nicht ertragen, dass mir womöglich der Alkohol genommen werden würde, also belog ich einfach den Arzt.

Wenn Sie nicht aus England kommen, muss ich Ihnen erklären, dass dort die medizinische Betreuung im Rahmen des National Health Servicenationalen Gesundheitswesens im Normalfall auf Staatskosten erfolgt. Daher sind Ärzte in der Regel für lange Zeit ausgebucht, und es ist mitunter schwierig, einen Termin zu bekommen. Die Zeitdauer für die Konsultation mit Dr. White war auf fünf Minuten festgelegt, und nach mir warteten weitere sieben Patienten ebenfalls auf ihre fünf Minuten. Nach 35 Minuten der Untersuchung und Befragung ahnte ich, dass ich dieses Mal eine Erfahrung mit dem Arzt machen würde, die ich bis dahin nicht kannte.

Ich hoffte immer noch, dass der Herr Doktor nach all dem Untersuchungsgetue beruhigend nicken und mir mitteilen würde: „Nun, ich habe Sie gründlich durchgecheckt und alles scheint in Ordnung zu sein. Kommen Sie in einem Monat wieder, wenn keine Besserung eintritt." Dr. White zeigte ein besorgtes, wenngleich freundliches Gesicht. Er blickte von seinen Notizen auf und sah mich über den Rand seiner kleinen, runden Brille an: „Ich sehe eine hohe Wahrscheinlichkeit dafür, dass Ihr Schmerz eine ernsthafte Ursache hat. Ich habe hier nicht die Apparate, um Sie so genau zu untersuchen, wie es nötig wäre. Daher überweise ich Sie in die gastroenterologische Abteilung des Krankenhauses."

Krankenhaus? Sicher nicht! Dort gehen doch nur kranke Menschen hin. Das Gesundheitssystem ist ohnehin schon überlastet genug, die werden doch nicht ein wertvolles Bett mit einem jungen und gesunden Menschen wie mir belegen. Als ich dann weder kuriert noch beruhigt nach Hause ging, wurde mir langsam klar, dass ich es nicht mit einem Hirngespinst zu tun hatte. Ich hatte möglicherweise durch mein egoistisches Trinken des hübsch verpackten Giftes meinen Körper ernstlich geschädigt.

Als ich zu Hause saß und meinen Kindern beim Spielen zusah, fühlte es sich an, als wäre mir das Herz aus der Brust gerissen worden. Wie konnte ich ihnen das nur antun im Wissen, wie sehr ich meine Familie liebte? Wie konnte ich meinen Kindern ihren Papi wegnehmen? Wie konnte ich nur so selbstsüchtig sein und meinen Kindern den Schmerz aufbürden, auf die Beerdigung ihres eigenen Vaters zu gehen? Wie konnte ich nur so erbärmlich sein und riskieren, meine Frau zu einer mittellosen, alleinerziehenden Mutter zweier am Boden zerstörter Kinder zu machen? Ich schäme mich nicht, Ihnen zu gestehen, dass meine Welt an dem Abend in Brüche ging und ich mich mit Selbstmitleid, Reue und Schuldgefühlen in den Schlaf weinte.

Das war mein ultimativer Schwellenmoment. Er hatte alles in meinem Leben aus dem Gleichgewicht gebracht. Für eine kurze Zeit überwog dieser Schmerz jene Qualen, die mir das Nichttrinken verursachte. Acht Wochen lang rührte ich keinen Alkohol an, und mein Bauchschmerz klang langsam ein wenig ab. Das Krankenhaus führte inzwischen Dutzende Bluttests und -analysen durch, und ich wartete auf das Ergebnis meiner Leberbiopsie, da Enzyme in meinem ganzen Körper gefunden worden waren, ein klares Zeichen dafür, dass sich meine Leber in einem Trauma befand. Es ist problematisch, sich nur auf die Wirkung eines Schwellenmoments zu verlassen, da die Wirkung langsam nachlässt und damit der Entschluss, mit dem Trinken aufzuhören, schwächer wird. Und damit kommt wieder die gute, alte Willenskraft ins Spiel, und Sie wissen: Willenskraft ist weder Ihr noch mein Verbündeter.

Die Willenskraft ist Bürgerkrieg, denn sie bricht eine Regel der menschlichen Bedürfnisse: das Gesetz der Knappheit der Güter. Ich werde das etwas später noch genauer ausführen, aber für den Augenblick nur so viel: Wenn Sie einen Beweis dafür haben wollen, dass Sie eine aussichtslose Schlacht schlagen, indem Sie das Trinken mittels Willenskraft bekämpfen, werden ich Ihnen den Beweis dafür liefern.

Die klassische Form der Selbsthilfe, die auf Willenskraft aufbaut, ist die Diät. Sobald Sie in den Spiegel schauen und zum Schluss kommen, abspecken zu müssen, und daher die Menge an erlaubter Nahrung reduzieren, geht Ihr Körper in einen Schockzustand. Mit einem Mal setzt Ihr Unterbewusstsein eine drastische Knappheit an Lebensmitteln voraus, und das steht in direktem Konflikt mit dem ersten menschlichen Grundbedürfnis, nämlich, um jeden Preis am Leben zu bleiben.

Das Gehirn nimmt an, Sie befänden sich in einer Hungersnot, und setzt Sie unter enormen Druck, alles zu tun, um Abhilfe zu schaffen. Ihr Unterbewusstsein befindet sich im Selbsterhaltungsmodus, und dabei ist es ohne Belang, ob Sie freiwillig ein paar Kilos loswerden möchten oder ob es sogar notwendig ist, dass Sie ihr Gewicht um eine oder zwei Kleidergrößen reduzieren. Ihr Unterbewusstsein wägt nicht nach den Gesichtspunkten der Vernunft ab, sondern hat seine Aufgaben zu erfüllen. Aus dem Grund legen 95 Prozent der Menschen, die sich auf eine kalorienreduzierte Diät setzen, das verlorene Gewicht nach fünf Jahren nicht nur wieder zu, sondern wiegen in der Regel zusätzliche drei bis fünf Kilo mehr.

Also, mein Schwellen-Schmerz ließ allmählich nach, und mir blieb nur die Willenskraft. Ich begann wieder zu trinken, aber dieses Mal mit einem neuen System. Alkohol ist ein kreatives, kleines Gift und war mir mit einer brillanten neuen Idee dafür zu Hilfe gekommen, wie ich weiter mit ihm flirten könnte – und zwar auf einem für mich sicheren Niveau. Ich legte mir einen abschließbaren Getränkeschrank zu und füllte ihn mit diesen kleinen Whiskeyfläschchen, wie man sie aus der Hotelminibar kennt. Den Schlüssel gab ich meiner Frau und erklärte ihr, mir stehe pro Tag nur eines dieser Fläschchen zu. Verlangte ich nach mehr, so sollte sie Nein sagen. Das ging eine Woche lang gut, und die Investition von 250 Pfund für den Schrank schien sich gelohnt zu haben. Der Plan versagte an jenem Abend, als meine Frau mit ihren Freundinnen ausging und den Schlüssel zum Schrank mitnahm. Ich fühlte mich betrogen, weil ich an dem Tag noch keinen einzigen Drink hatte. Sie hatte die Regeln gebrochen, mir stand das Recht auf einen Drink pro Tag zu. Wie konnte sie es wagen, mir das anzutun?

Ich war wie ein bockiges Kind, und nach kurzer Zeit hatte ich herausgefunden, dass die Rückwand des Schranks aus billigem Sperrholz gemacht und nur angetackert war. Ein wenig Hebelwirkung mit einem Steakmesser, und ich konnte die Abdeckung weit genug hochheben, um eins dieser Fläschchen durch die Öffnung herauszuziehen. Von dem Moment an war mein Plan gestorben.

Nach drei Wochen war mein Bauchschmerz stärker als je zuvor, und weitere Tests hatten ergeben, dass ich mit dem Saufen sofort Schluss machen müsste, wenn ich nicht innerhalb der nächsten zwei bis drei Jahre an Leberversagen sterben wollte. Also hörte ich auf damit – für drei Wochen. Dann begann ich wieder von vorn. Sogar mit dem Todesurteil vor Augen konnte ich mir ein Leben ohne Alkohol nicht vorstellen.

Ich kann Ihnen nicht befehlen, mit dem Trinken aufzuhören. Ihr Ehepartner wird das mit noch so viel Gebrüll ebenso nicht schaffen. Ihre Kinder können Sie anflehen, auch das wird nichts ändern. Selbst wenn Sie diese bittere Pillen schlucken und beschließen, der Versuchung zu widerstehen, wird das zwecklos bleiben. Der einzige Weg, ohne die Droge zu leben, besteht darin, Ihre Meinung über Alkohol fundamental zu ändern. Sie müssen ihn als das sehen, was er in Wahrheit ist: attraktiv verpacktes Gift! Ihre bisherigen Bemühungen, mit Alkohol aufzuhören oder den Konsum einzuschränken, sind daran gescheitert, dass Sie ihn immer noch wollen, benötigen und begehren. Sie glauben immer noch fest daran, dass er ihnen einen Nutzen bringt.

Ich habe so ziemlich jede Ausrede von Leuten wie Ihnen und mir bereits gehört:

- Ich kann ohne Drink nicht einschlafen
- Ich brauche ihn zur Entspannung

- Mir ist ohne Alkohol langweilig
- Trinken gibt mir Selbstvertrauen
- Er hilft mir, nach einem anstrengenden Tag runterzukommen

Das alles sind Lügen, und tief in Ihrem Inneren wissen Sie das. Wenn Sie zu irgendeiner dieser Ausreden greifen, dann betrachten Sie sie von nun an als Beweis dafür, dass Sie in der riesigen Mausefalle sitzen und sich dabei in völliger Sicherheit wiegen.

An dem Tag, an dem Sie die Nutzlosigkeit von Alkohol erkennen und ihn als das betrachten, was er wirklich ist, werden Sie augenblicklich davon befreit sein. Durch unsere gemeinsame Arbeit in diesem Buch wird Ihnen langsam bewusst werden, dass Alkohol nicht mehr so gut schmeckt wie früher. Sie werden wieder den scheußlichen Geschmack erkennen, an den Sie sich über eine so lange Zeit erst gewöhnen mussten (und es wird sich bei Ihnen eine große Enttäuschung über den ekligen Geschmack des Drinks einstellen). Die Schroffheit des Gifts wird langsam über den Zucker und den Fruchtgeschmack dominieren, hinter dem die Alkoholindustrie die Droge versteckt hat. Jetzt mag das für Sie vielleicht noch unglaubwürdig klingen, aber mit meinem System kommen Sie allmählich an den Punkt, wo Sie den Geschmack von alkoholischen Getränken als unsympathisch, enttäuschend und oft als widerwärtig empfinden werden (wie damals, als Sie als Kind den ersten Schluck vom Bier Ihres Vaters versuchten).

Kapitel 8:
Die Abhängigkeit überwinden

Im Dienste der vollkommenen Transparenz und Aufrichtigkeit teile ich Ihnen hier und jetzt mit, dass es meine Absicht ist, nun eine raffinierte Überzeugungstechnik anzuwenden, die man „Präsupposition" nennt. Verkäufer verwenden diese Art der Fragestellung, die dem Gefragten das Gefühl gibt, eine Wahl zu haben, während in Wahrheit alle möglichen Antworten zum gleichen Resultat führen. Ein gutes Beispiel einer Präsupposition, die an Ihnen als Kind (vielleicht unwissentlich) angewandt wurde, war die Frage Ihrer Eltern „Willst du jetzt zu Bett gehen oder erst in zehn Minuten?"

Meine raffinierte Frage an Sie lautet: „Wollen Sie mit dem Trinken gänzlich Schluss machen oder es nur ein wenig reduzieren und jedes Mal, wenn Sie wieder die Kontrolle verloren haben, das Buch aufs Neue durcharbeiten, bis Sie aufhören?" Scheinbar versuche ich damit, Sie sanft in jene Richtung zu drängen, in der ich Sie haben will. Und obwohl ich Ihnen dabei klarmache, dass in der Option des Einschränkens das Scheitern bereits vorprogrammiert ist, denkt Ihr Ego immer noch, die Kontrolle über die Wahl der Entscheidung zu haben. Seien Sie sich darüber klar, dass

Ihr Ego keinesfalls möchte, dass Sie das Trinken aufgeben, weil es vorausberechnet, dass die Übung in schmerzhaften Qualen und Angstzuständen enden wird.

Ich weiß, viele Leser würden lieber reduzieren, als aufzuhören, aber die einzige logische Lösung für Sie besteht darin, aus der Mausefalle herauszutreten und nie wieder in sie zurückzukehren. Wenn Sie vom Alkohol abhängig sind und damit nicht Schluss machen wollen, haben Sie es noch nicht begriffen. Wenn Ihnen der Heroinsüchtige weismachen möchte, dass er sich entschlossen hat, den Schuss nur noch dienstags zu setzen, wären Sie auch nicht zuversichtlich, dass das ein Jahr später noch so sein würde. Alkoholismus ist ein binärer Zustand, er ist entweder „an" oder „aus". Sie können nicht ein bisschen Alkoholiker sein, genauso wenig, wie Sie ein bisschen schwanger sein können.

Vielleicht müssen Sie das Buch immer wieder lesen, bis Sie zu dem Punkt vordringen, an dem Ihre Entscheidung mit meiner Empfehlung in Einklang tritt. Vollkommen aufzu hören ist die beste Option für Sie, aber Sie müssen selbst zu dieser Entscheidung gelangen. Ich kann Sie nicht überreden, auch Ihre Familie und Ihre Freunde können Sie nicht zwingen, diese Haltung einzunehmen, denn sie muss von Ihnen, aus Ihrem Inneren heraus kommen. Es besteht indes kein Grund zur Panik oder Selbstgeißelung, wenn Sie sich noch nicht danach fühlen oder überzeugt sind, alles unter Kontrolle zu haben, beziehungsweise den Alkohol noch zu sehr mögen, um ihn aufzugeben. Sie sind nicht allein in diesem Kampf (besuchen Sie www.craigbeck.com und finden Sie heraus, wie groß die Gemeinschaft der Leidensgenossen ist). Noch nie ist jemand mit einem Trinkproblem morgens aufgewacht und hat sich mit einem „Heureka-Erlebnis" innerhalb eines Augenblicks selbst geheilt.

Kapitel 8: Die Abhängigkeit überwinden

Ein Teil der Reise in ein nüchternes Leben besteht darin zu erfahren, wie vergeblich es ist, den Teil des Trinkens, den man liebt, zu behalten und die unerwünschten Konsequenzen gleichzeitig loszuwerden. Es gleicht dem Versuch, die mit Wasser volllaufende Titanic mittels Schöpfeimer vor dem Sinken zu bewahren – für kurze Zeit meinen Sie vielleicht, damit Fortschritte zu erzielen, aber irgendwann merken Sie, dass Sie unmöglich Erfolg haben können. Ich hatte Dutzende solcher Eimer im Einsatz, bis ich einsehen musste, dass die vermeintlich guten Eigenschaften mit den zerstörerischen Hand in Hand gehen und ich das eine nicht ohne das andere haben kann. Hier folgen einige meiner Versuche, mein sinkendes Schiff zu retten:

- Ich werde nur an Wochenenden trinken.
- Ich werde nur in Gesellschaft und niemals zu Hause trinken.
- Ich werde zu jedem Glas Alkohol ein Glas Wasser trinken.
- Ich werde jedes Jahr für drei Monate mit dem Trinken pausieren.
- Ich werde nur Bier, aber keinen Wein oder Spirituosen trinken.
- Ich werde nur Wein als Teil einer Mahlzeit trinken.

Zu dieser Liste verschrobener Theorien kommen noch die kostspieligen, verschreibungspflichtigen Medikamente, die ich versucht hatte. Da wäre zum Ersten das Disulfiram, welches den Prozess der Alkoholverarbeitung in der Leber derart beeinträchtigt, dass Sie sich grausam krank fühlen, wenn Sie während der Einnahme Alkohol trinken. Das Problem ist, dass Sie das Medikament diszipliniert jeden Morgen nehmen müssen und Alkoholiker ja nicht gerade bekannt für ihre Disziplin sind. Anfänglich hatte ich es immer dann abgesetzt, wenn ich wusste, dass ich am Abend zu einer Party oder einem gesellschaftlichen Anlass ging (und da beginnt bereits die Crux bei der Sache). Später hatte ich meine Regeln gelockert und das Medikament nur von Montag bis Freitag eingenommen. So konnte ich am Wochenende unbekümmert trinken, was ich meinte verdient zu haben – nach einer Woche der Enthaltsamkeit.

Das nächste Trotzstadium erreichte ich, als ich durch Herumprobieren dahinterkam, dass ich trotz der Einnahme des Medikaments an Wochentagen ein kleines Bier trinken konnte, ohne negative Auswirkungen zu spüren. Allerdings hätte mich ein einziges weiteres Bier sofort erledigt. Eines Abends verlor ich jedoch die Kontrolle und trank zu einem großen Bier noch ein Glas Wein. Nach etwa zwanzig Minuten pochte es wie wild in meinem Kopf, mein Gesicht färbte sich tiefrot und mein Herz schien sich den Weg aus meinem Brustkorb schlagen zu wollen. Für einen Moment dachte ich, meine letzte Stunde sei gekommen, und ich musste mich für längere Zeit in einem abgedunkelten Raum flach und bewegungslos hinlegen, bis die Beschwerden endlich abklangen.

Ich schluckte noch andere Pillen, wie zum Beispiel Acamprosate-Calcium, das den Dopaminausstoß hemmt und einem letztlich jeden Spaß am Trinken nimmt. Im Laufe der Zeit schmeckt Ihr Lieblingsdrink nur noch wie ein wirkungsloser Sprudel, und den wollen Sie ja nur, um Ihren Durst zu stillen. Auch dort liegt die Herausforderung darin, das Medikament täglich mit viel Disziplin und Willenskraft einzunehmen, da es die Wirkung Ihrer Lieblingsdroge Alkohol ruiniert. Hinzu kommen noch einige abscheuliche Nebenwirkungen wie Schwindel, Schlaflosigkeit und trockener Mund, und Sie beginnen zu überlegen, ob es sich wirklich lohnt, sich so miserabel zu fühlen, nur um vom Alkohol wegzubleiben.

Ob verrückte Theorien oder Pillen – es sind Belege für das Trugbild Ihres Ego, welches meint, alles unter Kontrolle zu haben. Bei diesen Methoden kommt es immer auf die Willenskraft an, und das funktioniert nicht, da Sie hinter der Nebelwand noch fest daran glauben, dass der Alkohol für Sie den Nutzen bringt, den man Ihnen vorenthalten will.

Bedenken Sie, dass es so etwas wie Versagen nicht gibt. Wenn etwas schiefgegangen ist, dann liegt das in der Vergangenheit, und das ist eine Zeitdimension, mit der wir uns nicht länger aufhalten. Wenn Sie mit dem Buch durch sind, dann drei Wochen nichts trinken und plötzlich wieder einen „Ausrutscher" erleben, dann wäre es nur natürlich (und die Meinung Ihres Ego) zu denken, dass die Methode nicht funktioniert, dass Sie nicht stark genug sind oder dass es Ihr Schicksal ist, für immer ein Problemtrinker zu bleiben. Erkennen Sie, dass solche Gedanken nur von Ihrem bewussten Geist kommen, der versucht, die Zukunft vorherzusagen. Aber diese Fähigkeit hat Ihr Ego nicht. Sollten Sie abstürzen – keine große Sache! Klopfen Sie den Staub von Ihrer Kleidung und machen Sie weiter. Welchen Sinn hat es, sich am Morgen nach dem Erwachen über die Fehler der vergangenen Nacht zu ärgern? Die Vergangenheit existiert nicht mehr.

Ich nehme nicht an, dass Sie mit der Flasche in der Hand aufwachen und während des Schlafs getrunken haben. Also, hier und jetzt – in diesem Moment, in dem das Leben gelebt wird – sind Sie kein Trinker. Gleichzeitig wissen Sie und ich, dass auch die Zukunft nicht existiert, und die Tatsache, dass Sie vergangene Nacht einen gezwitschert haben bedeutet nicht, dass Sie heute, morgen oder irgendwann wieder Alkohol trinken werden. Nehmen Sie jeden Moment, wie er kommt, denn jede Sekunde, in der Sie beschließen, nicht mehr zu trinken, ist ein Erfolg.

Das Geheimnis, mit dem Trinken aufzuhören, trifft auf alle anderen Dinge in Ihrem Leben zu, die Sie gern hätten. Und das heißt, im Moment – im Hier und Jetzt – zu bleiben. Machen Sie keine Vorhersagen, welche Art Mensch Sie in der Zukunft sein werden. Ich würde Sie ebenso wenig nach den Geschehnissen des morgigen Tages fragen, wie ich Sie darum bitten würde, bei mir eine Operation am offenen Herzen durchzuführen – dazu sind Sie schlichtweg nicht in der Lage (natürlich ist die Behauptung etwas leichtsinnig und gewagt, denn eines Tages könnte dieses Buch in die Hände eines Herzchirurgen fallen, der dann tödlich beleidigt wäre). Sie ziehen sich aus der Mausefalle dann zurück, wenn Sie Ihren egoistischen Geist im Zaum halten. Sobald Ihre bewussten Gedanken in die Vergangenheit oder in die Zukunft wandern, versuchen Sie, es vom Standpunkt eines Dritten aus zu beobachten. Unterbrechen Sie dann den Prozess sofort und ertappen Sie Ihr Ego in flagranti.

Um Ihrem bewussten Denken überhaupt Macht über Sie zu geben, müssten Sie daran glauben, dass Sie und das bewusste Denken ein und dasselbe sind und Ihr eigentliches Selbst, Ihr Unterbewusstsein, nicht existiert. Wenn Sie es jedoch als das sehen, was es ist, nämlich nur ein kleiner Teil Ihrer geistigen Fähigkeiten, verliert es an Einflussvermögen. Wenn Sie Ihr Ego daran hindern, sich endlos Sorgen zu machen, Vorhersagen zu treffen oder die Vergangenheit zu interpretieren, und Sie es schaffen, sich selbst bewusst in die Gegenwart zu bringen, reduzieren Sie seinen Einfluss bereits um den Bruchteil eines Prozents.

Bei den meisten Menschen ergreift das bewusste Denken täglich 10.000 Mal die Kontrolle über sie, somit kann dieses Buch nicht mit einer Sofortlösung aufwarten. Ich kann Ihnen nicht versprechen, dass Sie geheilt sind, wenn Sie das oder jenes zehn oder 50 Mal wiederholen. Zum Alkoholiker sind

Kapitel 8: Die Abhängigkeit überwinden

Sie ja nicht über Nacht geworden, also kann es gar kein System geben, mit dem Sie in Sekundenschnelle umprogrammiert werden, um Ihr korrektes Gleichgewicht wiederzuerlangen. Die meisten anderen Entgiftungssysteme erfordern eine Phase des kalten Entzugs, im Englischen als „cold-turkey" bezeichnet, der für Alkoholiker im besten Fall äußerst qualvoll und im schlimmsten Fall tödlich ablaufen kann.

Meine Methode beruht darauf, den schmerzvollen Teufelskreis des Trinkens zu verlassen und dafür langsam die Hindernisse aus dem Weg zu räumen. Können Sie weiterhin den Angriffen und Versuchungen Ihres Ego widerstehen, wird sich ein wachsendes Gefühl des inneren Friedens aufbauen. Wenn Sie die körperliche Abhängigkeit vom Alkohol überwunden haben, wird Ihr Ego noch eine Zeit lang versuchen, das Verlangen zu trinken aufrechtzuerhalten. Wenn das Verlangen dann allmählich schwindet, können Sie den Alkohol für immer hinter sich lassen.

„Wie lange wird das dauern?", wird oft gefragt. Ich kann die Zukunft ebenso wenig voraussagen wie Sie, daher werde ich keine genauen Angaben dazu machen. Wenn Sie erkennen, dass Ihre Überzeugungen den Alkohol betreffend nichts als Trugbilder und dicke, fette Lügen waren, und wenn Sie sehen, dass es das neurochemische Ungleichgewicht in Ihrem Gehirn war, das Ihrem Ego so viel Schmerzen zugefügt hat, werden Sie mit dem Trinken aufhören. Für viele passiert das unmittelbar nach dem Lesen dieses Buches, bei anderen muss die Information erst über einige Wochen sacken, und wiederum andere müssen das Buch mehrmals lesen, bis der Groschen fällt.

Ob Sie nun dafür einen Tag oder ein Jahr benötigen, ist unwichtig. Sie werden herausfinden, dass dieser einfache Prozess nicht nur auf Alkohol, sondern auch auf andere schlechte Angewohnheiten angewendet werden kann. Ihr Ego an die Kandare zu nehmen, wird Ihnen helfen, vieles in Ordnung zu bringen, seien es zwischenmenschliche Beziehungen oder Ihre Finanzen. Wenn Sie mehr darüber erfahren wollen, rate ich Ihnen zur Lektüre meiner Bücher „Swallow The Happy Pill" und „The God Enigma" auf www.CraigBeck.com.

Sobald der feste Griff Ihres Ego auf Ihre Wahrnehmung der Realität nachlässt, wird das System immer einfacher. Das Erfolgsgeheimnis liegt darin, so lange hartnäckig zu bleiben, bis Sie den „Machtwechsel" vom Ego auf Ihr Unterbewusstsein wahrnehmen. Ich fordere Sie nachher auf, in den kommenden 21 Tagen folgende vier Dinge täglich zu tun. Das heißt natürlich nicht, dass Sie nach 21 Tagen garantiert keinen Alkohol mehr trinken oder dass Sie wieder in Ihre ausgetretenen Pfade zurückkehren sollen. Ich weiß nur, dass Sie, nachdem Sie die vier Dinge über diesen Zeitraum genauestens ausgeführt haben, in Ihrem Leben erstaunliche Entwicklungen beobachten werden.

Kapitel 9:
Der Preis des Trinkens

Nachdem bei mir mit dem Trinken Schluss war, setzte ich mich hin und zählte zusammen, wie viel Geld ich für Alkohol ausgegeben hatte. Heute ist es für mich keine Überraschung, dass ich diese Rechnung früher, während ich noch trank, nie aufgemacht habe. Ich wollte von der finanziellen Seite meiner Angewohnheit nichts hören, da ich generell nichts Negatives über Alkohol hören wollte (auch bekannt als das Vogel-Strauß-Syndrom). Diese Technik hatte mich jahrelang von Arztbesuchen abgehalten, denn ich fürchtete, man würde mir das Trinken verbieten.

In der westlichen Gesellschaft wird so getan, als wäre Alkohol nichts weiter als ein geselliger Spaß, den man sich mit Freunden teilen kann. Tatsächlich ist er aber eine machtvolle Droge, die intelligente Menschen dazu bringt, einen großen Bogen um die längst notwendige ärztliche Hilfe zu machen, nur um weitermachen zu können wie gewohnt. Halten Sie damit nicht hinterm Berg, er ist eine gefährliche und unheilvolle Droge – er ist wirklich der Wolf im Schafspelz.

Alkohol hat mich belogen

Haben Sie es schon mal zusammengezählt?

Seien Sie ehrlich dabei herauszufinden, wie viel Sie täglich für Alkohol ausgeben. Die meisten Menschen sind schockiert, wenn Sie merken, wie viel Geld verschwendet wird.

1 Flasche eines durchschnittlich teuren Weins?
2 Halbe Bier (Kneipen-Mittagessen)
€ 9,99 für den Wein/€ 4,– für eine Halbe Bier

Hören Sie auf damit und Sie sparen:
€ 132,– pro Woche
€ 531,– pro Monat
€ 6380,– pro Jahr

Leute mit einem Alkoholproblem unterschätzen meist den Betrag, den sie für ihr Trinken ausgeben. Oftmals behaupten sie: „Ich nehme nur ein Glass zum Mittagessen...", aber einige Gläser Rotwein machen recht schnell die Menge einer halben Flasche Wein! Seien Sie mit sich selbst ehrlich und enthüllen Sie die wahren Ausgaben Ihrer Angewohnheit:

Tag	€10	€12	€15	€20	€22	€25
Woche	€70	€84	€105	€140	€154	€175
Monat	€310	€372	€465	€620	€682	€775
Jahr	€3650	€4380	€5475	€7300	€8030	€9125
Dekade	€36500	€43800	€54750	€73000	€80300	€91250

Am Gipfel meiner Trunksucht schluckte ich jeden Abend zwei Flaschen Wein, dazu eine Flasche Whiskey während des Wochenendes. Da komme ich über den Daumen gepeilt auf etwa 23 Pfund pro Tag und damit auf 161 Pfund pro Woche oder 724 Pfund jeden Monat. Donnerwetter! Kein

Kapitel 9: Der Preis des Trinkens

Wunder, dass ich die Summe während meiner Trinkzeit niemals wissen wollte, ich wäre schockiert und niedergeschlagen gewesen. Aber auch das hätte mich nicht am Weitertrinken gehindert, was wohl der erschreckendste Gedanke von allen ist.

Hätte ich nicht mit dem Trinken aufgehört, dann hätte ich wahrscheinlich weiterhin diesen horrenden Betrag für Alkohol ausgegeben, vielleicht sogar noch mehr, um meine ständig steigende Toleranz gegenüber der Wirkung auszugleichen. So hätte ich im kommenden Jahrzehnt (vorausgesetzt, ich wäre noch am Leben) durch meine Sucht 86.940 Pfund verpulvert. Selbst diese verblüffende Erkenntnis ist nur die halbe Wahrheit, da die absurd teuren 400-Pfund-Flaschen für besondere Anlässe wie Weihnachten, Geburtstage oder andere Vorwände, um sich exzessiv zu besaufen, nicht berücksichtigt sind.

Beinahe 9.000 Pfund pro Jahr hatte ich für mein Gift ausgegeben, während ich meinen Kindern und der Familie erzählte, dass für einen teuren Urlaub oder anderen Luxus kein Geld da sei. All das hätten wir ohne Probleme jedes Jahr haben können, hätte ich nicht mich und meine Familie belogen. Wie Sie immer besser erkennen können, hat „mich der Alkohol stets belogen", und er wird Sie weiter belügen – daher richte ich folgende herausfordernde Frage an Sie: „Was gedenken Sie dagegen zu tun?"

Ich ermutige Sie, ehrlich nachzurechnen, wie viel Geld Sie bisher für Ihre legale Drogenabhängigkeit bezahlt haben. Sie kommen ohne Zweifel auf andere, bessere Möglichkeiten, wie Sie einen so großen Betrag verwenden können. Leider sind die finanziellen Kosten nahezu belanglos, wenn Sie bedenken, was Ihnen der Alkohol sonst noch genommen hat.

Das Trinken wirkt sich bei jedem anders aus, mich hat es schläfrig gemacht. In der Praxis hatte ich, wenn ich beispielsweise um sechs Uhr abends von der Arbeit nach Hause kam, das erste Glas um 18.05 Uhr bereits hinter mir, und um 19 Uhr war die erste Flasche leer. Nur eine Stunde später waren zwei Drittel der zweiten Flasche geschafft, die ich aber, wie Sie schon wissen, niemals leerte, um meiner Frau am nächsten Morgen energisch widersprechen zu können, sollte sie mich beschuldigen, zwei Flaschen Wein getrunken zu haben. Um 20 Uhr fiel es mir schwer, die Augen offen zu halten, und so starrte ich die folgenden 30 Minuten unentwegt auf die Uhr und konnte es kaum erwarten, endlich zu Bett zu gehen. Selten hielt ich bis 21 Uhr durch, meistens schleppte ich mich im Taumel und halb bewusstlos zwischen halb neun und viertel vor neun ins Bett.

Ich schlief schlecht, wachte mehrmals auf, um zur Toilette zu gehen, und trank natürlich gegen meine Dehydratation Wasser. Um sechs Uhr morgens blinzelte ich aus meinen blutunterlaufenen Augen und machte mich dann total erledigt auf den Weg zur Arbeit.

So war mein Leben für einen Zeitraum, der länger war, als ich zugeben möchte. Vielleicht wirkt sich Alkohol bei Ihnen anders aus, aber Sie werden die Nebenwirkungen in der einen oder anderen Form kennen. Verglichen mit mir beginnt für einen gewöhnlichen Büromenschen die Schlafenszeit gegen 23 Uhr, sodass ich durch mein Trinken im Schnitt pro Woche etwa 17 Stunden wache Zeit verloren hatte. Im Verlauf von zehn Jahren war ich somit 9.100 Stunden wegen meiner Alkoholabhängigkeit „offline". Diese Zeit gibt mir niemand mehr wieder. Wie viele Gelegenheiten und Erfahrungen kann man in fast 10.000 Stunden verpassen? Das zwingt einen zum Nachdenken!

Kapitel 9: Der Preis des Trinkens

Es wird umso trostloser, wenn man bedenkt, dass ich Vater bin. Ich habe nicht nur meine Zeit vergeudet. Gestatten Sie mir an dieser Stelle, die bedrückende Tatsache glasklar aufzuzeigen:

Wenn Sie Kinder haben, entschuldige ich mich für das, was ich Sie ersuche, als Nächstes zu tun. Wenn Sie ein visueller oder kinästhetischer Typ sind, könnten die folgenden Vorstellungen für Sie traumatische oder schmerzvolle Konsequenzen haben. Aber bleiben Sie trotzdem bei mir, ich tue das nicht, um grausam zu sein oder Ihnen Albträume zu verursachen, sondern um einen wichtigen Punkt klarzumachen. Stellen Sie sich vor, dass morgen Ihr Kind entführt wird und Sie es nie wieder sehen werden. Sofort wird man grauenvoll daran erinnert, was der Familie McCann vor einigen Jahren während eines Urlaubs im sonnigen Portugal widerfuhr.

Am Donnerstag, den 3. Mai 2007 brachten Jerry und Kate McCann ihre kleine Tochter Madeline zum letzten Mal zu Bett. Irgendwann vor Mitternacht wurde das Mädchen aus ihrem Bett entführt und war seitdem nicht mehr gesehen.

Wäre Ihnen das passiert und es gäbe nichts, was Sie dagegen tun könnten, welchen Preis wären Sie bereit zu bezahlen, um mit Ihrer Tochter noch einmal eine Stunde verbringen zu können?

Wären es 1.000, 10.000 oder 100.000 Pfund oder würden Sie sogar sagen, um jeden Preis? Würden Sie jeden Preis zahlen, um diese eine Stunde mit Ihrer Tochter zu verbringen? Ich weiß, dass ich alles dafür geben würde, und trotzdem hatte ich über 9.000 Stunden meines Lebens vergeudet, die ich mit meinen lieben Kindern Jordan und Aoife verbringen hätte können.

Meine Kinder sind das Kostbarste in meinem Leben, und dennoch habe ich wegen einer Droge, die für die meisten Menschen nur ein bisschen Spaß bedeutet, die eine Party in Schwung bringt, die man konsumiert, um nicht als Langweiler dazustehen – irgendwie habe ich wegen dieser unschuldigen Substanz freiwillig 758 wertvolle Tage verschwendet, die ich mit meinen Kindern verbringen hätte können.

Ich muss eine Schreibpause einlegen, da ich mich so zornig und betrogen fühle, dass es im Augenblick besser ist, nicht sofort weiterzuschreiben.

Ich schließe das Kapitel mit einer Frage zum Nachdenken: „Was hat Ihnen der Alkohol alles genommen?"

Ist es Ihre Gesundheit, Ihre Zeit, Ihre Beförderung, Ihr Geld, Ihre Frau, Ihr Ehemann, Ihre Karriere? Es kann eine Sache sein oder viele, aber so sicher, wie auf die Nacht der Tag folgt, wurden auch Sie Opfer eines schweren Diebstahls. Solange Sie nicht eines Morgens aufwachen und realisieren, dass die Flasche nicht Ihr Freund, sondern Ihr schlimmster Feind ist, werden Sie das Opfer bleiben; morgen, am Tag danach und an jedem weiteren Tag, bis in Ihnen die Wahrheit dämmert.

Kapitel 10:
Das Ungleichgewicht korrigieren

*I*ch gehe davon aus, dass Sie zu diesem Buch gekommen sind, weil Sie das Bedürfnis verspüren, mit dem Trinken aufzuhören, aber nicht genau wissen, wie Sie es anstellen sollen. Ich hoffe, das Bedürfnis hat sich bis hierher verstärkt, sodass Sie den Alkohol als das erkennen, was er wirklich ist, nämlich faulig schmeckendes, lebenszerstörendes Gift, und dass Sie entschlossen sind, es nie wieder zu trinken. Wenn Sie jedoch noch hoffen, eines Tages wieder zum Trinken zurückkehren zu können oder es nur einzuschränken, muss ich Ihnen sagen, dass das eine schlechte Idee ist.

Alle suchterzeugenden Drogen verursachen einen sogenannten Kick, das ist der Zeitraum, in dem die Nachwirkungen einsetzen, wenn Sie den Drogenkonsum unterbrechen. Zum Glück sprechen wir hier nur vom Alkoholkick, der mit anderen Straßendrogen verglichen mild ausfällt. Warum man vom Heroin so schwer wegkommt, liegt am intensiven und schmerzvollen Kick, bei dem der Süchtige Todesqualen durchleidet und gleichzeitig weiß, dass er den Schmerz im Bruchteil einer Sekunde mit einem Schuss beseitigen könnte.

Der Alkoholentzug beginnt mit dem Moment des letzten Schlucks und erreicht seine Intensitätsspitze etwa 24 bis 48 Stunden später. Deshalb werden viele Menschen zu Abendtrinkern, die nach einem anstrengenden Arbeitstag als Erstes zum Korkenzieher greifen. Wenn sie abends zu Hause eintreffen, befinden sie sich in der schwersten Phase des Alkoholentzugs. Das geht so subtil vonstatten, dass wir zunächst nicht wissen, woher die Entzugserscheinungen kommen, bis wir erkennen, worauf wir achten sollten. Der Entzug von Alkohol fühlt sich nämlich wie ein generelles Unwohlsein an, das einem Menschen ein wenig wie Stress oder Ängstlichkeit vorkommt. Daher vermutet man, abends durch ein Gläschen von diesem Stress herunterzukommen.

Dabei sind es die Entzugssymptome vom Vortagstrinken, die man mit dem Gläschen eliminiert. Das heißt, man fühlt sich bis zu einem gewissen Grad weniger gestresst und erleichtert vom Unbehagen und der Ängstlichkeit, welche durch das Vortagstrinken ausgelöst wurden. Aber hätte man am Vortag nicht getrunken, wären die Symptome gar nicht vorhanden. Was Sie also beheben, ist der Fehler vom Vortag.

Der chemische Entzug von Alkohol dauert, egal wie viel Sie trinken, rund zwei Wochen, erreicht seinen Höhepunkt etwa 36 Stunden nach dem letzten Drink und klingt nach einigen Wochen fast ganz ab. Den absoluten Nullpunkt werden Sie wegen Ihres durch das jahrelange Trinken überaktivierten Hypothalamus nie erreichen, aber mit jedem enthaltsamen Tag schwindet der Entzug.

Wenn Sie in dem Maße vom Alkohol abhängig sind, dass Ihnen ein Entzug traumatische körperliche Symptome wie

Spasmen, Fieber oder Erbrechen verursacht, müssen Sie Ihren Arzt informieren, dass Sie meine Methode versuchen möchten. Der kann und wird Ihnen verschreibungspflichtige Medikamente geben, welche die unangenehmen Symptome des Kicks unterdrücken.

In dieser ausgedehnten Entzugszeit dürfen Sie keinesfalls der Versuchung unterliegen, sich rasch „einen kleinen Drink" zu gönnen. Dieser kleine Drink ist nämlich der Grund, aus dem 95 Prozent aller Versuche, die auf Willenskraft basieren, schiefgehen. Während dieser Zeit stellt sich ein neues neurochemisches Ungleichgewicht ein, welches ständig die schmerzliche Sehnsucht nach einem Glas Alkohol schürt, und der Schmerz kann nur aus zwei Gründen nachlassen: Zum einen verschwindet das Unbehagen mit einem Drink, zum anderen dann, wenn Sie lange genug gegenhalten. Sie können den Schmerz also bezwingen, indem Sie trinken oder nicht trinken. Eine der zwei Möglichkeiten bereitet Ihnen am folgenden Tag das gleiche Problem, und ich muss Ihnen nicht sagen, welches.

Wenn Sie auch nur für einen Moment denken, dass Ihnen ein kleines Glas zum Abendessen nichts anhaben kann, begeben Sie sich freiwillig wieder in der Mausefalle, und gehen davon aus, dass Ihnen diesmal nichts passieren wird, dass es auf ein Stückchen Käse mehr nicht ankommt.

Sie trinken wegen eines chemischen Ungleichgewichts in Ihrem Gehirn, und das Dilemma liegt darin, dass der ständige Alkoholzufluss das Ungleichgewicht immer für kurze Dauer ausgleicht. Der Entzug schafft dann ein neues, eigenes Ungleichgewicht. Das heißt, Sie haben jetzt zwei Probleme: ein vom Alkohol verursachtes und eines, das schon bestanden hatte. Das Unbehagen aus dem ursprünglichen Ungleichgewicht erschafft mit dem Alkohol ein neues, und so sitzen Sie in einer Endlosschleife fest.

Und jetzt sage ich Ihnen, wie Sie aus der Schleife ein für alle Mal entkommen. Erstens: Hören Sie auf zu trinken. Ich meine heute – genau jetzt. Und im Unterschied zu Ihren vorherigen tapferen Versuchen machen wir dieses Mal etwas fundamental anderes. Wir hindern das erste Ungleichgewicht, welches das zweite auslöst, am Entstehen. Beachten Sie, dass Sie sich in den nächsten zwei Wochen unbehaglich, unwohl und ängstlich fühlen werden. Das liegt am Kick des Alkohols, einer suchterzeugenden Droge. Die gute Nachricht ist, dass Sie die Symptome des Entzugs in zwei Wochen kaum mehr von den normalen Gefühlen Ihres täglichen Lebens unterscheiden können.

Dieses Mal werden wir Sie, wenn Sie aufhören, nicht mit Ihrem neurochemischen Ungleichgewicht ausliefern. Es ist bekannt, dass der wichtigste Baustein für eine effektive Gehirntätigkeit mit korrekt funktionierenden Neurotransmittern und Rezeptoren essentielle Fettsäuren sind. Sie wissen, dass Sie einen Fettfleck auf einem Stück Stoffgewebe mit Wasser nicht wegbekommen. Sie benötigen ein chemisches Mittel, um den Ölfleck aufzulösen. Sie werden nicht überrascht sein, dass sich Alkohol als Lösungsmittel dafür hervorragend eignet. Während das eine gute Nachricht ist, um ein teures Sofa zu retten, trifft das auf uns Problemtrinker weniger zu. Alkohol zerstört die essentiellen Fette, er frisst sich durch sie durch wie Napalm.

Als schwerer Trinker leiden Sie höchstwahrscheinlich an einem hohen Mangel an essentiellen Fettsäuren, und Ihre Rezeptoren können nicht ordnungsgemäß funktionieren. Erzeugt nun Ihr Körper Dopamin und Serotonin, die das Gefühl des Wohlbefindens schaffen, können Sie diese nicht in ausreichender Menge absorbieren, um ihre Wirkung zu spüren.

Kapitel 10: Das Ungleichgewicht korrigieren

Wenn Sie die wahre Natur des Alkohols verstanden, den Kick bereits überstanden haben und sich dazu pudelwohl fühlen, weil sich Dopamin und Serotonin ungehindert in Ihrem Körper verbreiten können, ist die Wahrscheinlichkeit gering, dass Sie Alkohol trinken wollen, und Sie werden es nicht mehr tun. Wenn Sie sich dagegen schrecklich und deprimiert fühlen, ist die Gefahr groß, dass Sie auf Alkohol als Problemlöser, der Ihr Leben erträglich machen soll, zurückgreifen.

Zwei spezielle essentielle Fettsäuren, die wir jetzt brauchen, sind Eicosapentaensäure und Docosahexaensäure, besser bekannt als EHA und DHA. Beide finden wir in hochwertigen Omega-3-Präparaten. Kaufen Sie in Ihrer Apotheke 1000 mg Omega-3-Fischölkapseln und nehmen Sie jeden Tag drei Stück, entweder alle auf einmal oder über den Tag verteilt. Verwenden Sie aber keine Lebertran-Tabletten, die können mit ihrem hohen Vitamin-A- und D-Gehalt in Kombination mit anderen Nahrungsergänzungen, die ich im Weiteren empfehle, unangenehme Nebenwirkungen erzeugen.

Es ist wichtig, dass Sie alles genau befolgen. Ich weiß, dass hochwertige Präparate auch etwas kosten, aber ich verspreche Ihnen, dass das nur einen Bruchteil von dem ausmacht, was Sie im Moment für Alkohol ausgeben. Sofern es aus medizinischen Gründen nicht erforderlich ist, verzichten Sie bitte auf keine der empfohlenen Nahrungsergänzungen, alle von denen sind effektiv und wirken für unseren Zweck wunderbar zusammen.

In jüngsten Versuchen wurden zwei Dutzend Mäuse von Alkohol abhängig gemacht und konnten danach so viel davon zu sich nehmen, wie sie mochten. Zwölf von den Mäusen wurden nun von den anderen getrennt und mit hohen Dosen von Omega-3-Fettsäuren gefüttert, bevor sie wieder zu den anderen gesetzt wurden. Diese zwölf Mäuse haben trotz der freien Verfügbarkeit von Alkohol deutlich weniger konsumiert als die „unbehandelten" Mäuse ohne Omega-3-Fettsäuren. Die Fettsäuren sind deshalb so wirksam, weil EPA diejenigen Teile des Gehirns repariert, die durch den Alkohol geschädigt wurden. Es gleicht zudem die Stimmungs- und Gefühlslage aus und tut dem Herzen gut. DHA erneuert das Hirngewebe, das durch die jahrelangen Napalm-Angriffe in Mitleidenschaft gezogen wurde.

Als Nächstes arbeiten wir an der Produktion von „Wohlfühl"-Chemikalien. Um gesunde Mengen an Serotonin, Melatonin und Dopamin zu erzeugen, brauchen Ihr Körper und Ihr Gehirn einen Rohstoff, der von außen zugeführt werden muss, da wir ihn selbst nicht produzieren. Im Falle einer gesunden und ausgewogenen Ernährung nähmen wir genug davon auf, aber wir starten ja mit einer Vorbelastung. So, als wollten wir unser Auto an einem frostigen Wintermorgen mit einer leeren Batterie starten. Wenn Sie also Omega-3-Fettsäuren kaufen, legen Sie noch ein hochwertiges A–Z-Multivitamin-Präparat mit ausreichend Vitamin C, Magnesium und Zink in den Einkaufskorb. Zudem rate ich Ihnen, den Vitamin-C-Anteil zusätzlich durch den Verzehr von Zitrusfrüchten oder die Einnahme von Ascorbinsäure zu erhöhen.

Die Multivitamine decken den täglich erforderlichen Bedarf auf breiter Basis nahezu ab. Allerdings sind wir Problemtrinker keine Durchschnittsmenschen und benötigen einige der Vitamine und Minerale in einer höheren Dosis. Nehmen Sie bitte einmal am Tag eine Dosis Vitamin-B-Komplex zu sich.

Alle besprochenen Nahrungsergänzungen sind dazu da, den durch das jahrelange Trinken von Alkohol angerichteten Schaden zu beheben und sicherzustellen, dass die bedeutsamen Teile unseres Gehirns wieder Spitzenleistungen erbringen können. Der letzte Stein im Mosaik ist eine Aminosäure, die wir brauchen, um Serotonin zu produzieren. Wenn Sie davon zu wenig haben, werden Sie sich zwangsläufig deprimiert fühlen. Als Problemtrinker leiden Sie mit hoher Wahrscheinlichkeit an einem Mangel an diesem entscheidenden Stoff.

Wenn Sie Alkohol über längere Zeit in ungesunden Mengen konsumieren, dann haben sich Ihr Gehirn und Ihr Körper auf die von Ihnen neu geschaffene Realität eingestellt. Es ist die oft unterschätzte menschliche Anpassungsfähigkeit, mit der wir uns einen passenden Vorhang schaffen, hinter dem wir unsere Lügen verstecken können. Fiele ein Mensch nach einer Woche des Trinkens tot um, so gäbe es keine Alkoholismus-Pandemie.

Es gibt eine berühmte Geschichte über einen älteren Herrn, der über vierzig Jahre lang jeden Monat zum Blutspenden gegangen war. Irgendwann teilte man ihm mit, dass sich sein Blut nicht länger zum Spenden für den medizinischen Bedarf eigne und man dankte ihm abschließend für die vielen Jahre seiner Großzügigkeit. Von nun ging der Mann nicht mehr zur Blutbank und bald begann er, sich krank zu fühlen. Wiederholt berichtete er seinem Arzt von den etwas vagen Symptomen seines allgemeinen Unwohlseins. Erst nach geraumer Zeit kam man dahinter, dass der Mann zu viel Blut in seinem Körper hatte. Der hatte sich auf die Tatsache, jeden Monat einen halben Liter Blut zu verlieren, eingestellt und dementsprechend mehr Blut produziert. Erst als sich die Situation änderte, machte sich die Adaption bemerkbar.

Sie haben sich an das Gift in ihrem Körper gewöhnt, und wenn Sie aufhören zu trinken, wird Ihnen diese Gewöhnung zum ersten Mal Weise bewusst. Das Unbehagen entsteht nicht infolge des Alkoholverlusts, sondern ist ein Hinweis darauf, was Ihr Körper unternehmen muss, um Sie in Ihrem belasteten Lebensstil am Funktionieren zu halten. Wenn Sie aufhören zu trinken, verfällt Ihr Gehirn erneut in ein chemisches Ungleichgewicht, bis es sich wieder an das Leben, wie es eigentlich ablaufen sollte, angepasst hat. Bei der Methode geht es hauptsächlich darum, den Schmerz und die Qualen des Alkoholentzugs zu vermeiden, daher sind die empfohlenen Nahrungsergänzungen wichtig, um während des Kicks nicht noch mit einem Stimmungstief kämpfen zu müssen.

Die Serotonin-Produktion ist ein zweiteiliger Prozess, der im Bauch beginnt und im Gehirn endet. Das ist eine entscheidende Komponente meiner Entwöhnungsmethode und kann nur erfolgen, wenn Sie eine Aminosäure namens **Tryptophan** zuführen, die in Pute, Sojabohnen, Thunfisch, Heilbutt und anderen Fischen vorkommt. Am schnellsten kommen wir zur korrekten Menge Tryptophan durch das Präparat 5-HTP, das steht für „**5-Hydroxytryptophan**". Nehmen Sie zwei 50-Milligramm-Kapseln etwa 30 Minuten vor dem Zubettgehen zusammen mit einem süßen Getränk. Das kann eine Tasse Kakao sein oder ein kleines Stück Schokolade.

Der Grund für das Ritual liegt darin, dass diese Aminosäure durch Insulin, das die Bauchspeicheldrüse als Reaktion auf Zucker erzeugt, ins Gehirn transportiert wird. Ist viel Insulin vorhanden, gelangt das 5-HTP schneller und effektiver an sein Ziel (wenn Sie Diabetiker sind, lassen Sie den Schritt natürlich weg). Wir nehmen das Tryptophan am Abend, weil es durch das Gehirn nachts in Serotonin und Melatonin gewandelt wird; das beruhigt unseren Geist und unterstützt den Schlafzyklus. Neben dem Wohlfühleffekt tritt auch eine Verbesserung unseres Schlafmusters ein. Bereits nach

Kapitel 10: Das Ungleichgewicht korrigieren

kurzer Zeit sollten Sie leicht einschlafen können und am nächsten Morgen dementsprechend ausgeruht aufwachen.

Falls Sie derzeit rezeptpflichtige Medikamente wie Antidepressiva oder starke Schmerzstiller einnehmen, sprechen Sie bitte unbedingt mit Ihrem Arzt, bevor Sie mit dem 5-HDP beginnen.

Vielleicht hören Sie auch Geschichten über Herzklappenstörungen bei Mäusen, die durch 5-HTP ausgelöst wurden. Sie sind irreführend, weil die Theorie auf eher schwachen Annahmen basiert. Intravenös verabreichtes Serotonin kann zu einem leichten Risiko für die Herzklappen führen, das scheint allerdings bei der oralen Einnahme nicht der Fall zu sein.

Nichtsdestotrotz müssen Sie Ihre Bedenken zu dem Gesagten wie zu den empfohlenen Nahrungsergänzungen, speziell wenn Sie herzleidend sind, mit Ihrem Arzt besprechen, bevor Sie mit der Einnahme beginnen.

www.CraigBeck.com

www.alkoholhatmichbelogen.com

Kapitel 11:
Das Ego kontrollieren

Wir beginnen nun mit dem Abschnitt des Buches, der sich mit der Heilung beschäftigt. Allerdings ist das nicht ganz korrekt, denn meine Methode besteht eigentlich aus einem Sechs-Punkte-Programm, bei dem die Heilung durch jedes einzelne Kapitel vermittelt wird, und nicht erst auf den letzten Metern. In den ersten acht Kapiteln dieses Buches sollte eine Umstellung in Ihrem Unterbewusstsein erfolgen, wofür ich mehr Zeit benötigte. In den nun folgenden kürzeren Kapiteln erhalten Sie spezifische Anweisungen, von denen ich weiß, dass Sie Ihnen helfen werden, mit dem Trinken Schluss zu machen.

Keine Sorge, ich beschränke mich nicht darauf, Ihnen eine Liste von Vitaminen zu geben, die Sie sich in der Apotheke besorgen sollen. Einige werden an dieser Stelle denken, da müsse noch mehr dahinterstecken, als nur Pillen zu schlucken. Sie haben Recht, so ist es. Wenn Sie nur den Ratschlag mitnehmen, die Nahrungsergänzungsmittel aus Kapitel zehn zu kaufen, werden Sie mit dem Trinken nicht aufhören.

Selbst wenn Sie die Hälfte der Schritte des Programms befolgen, ist die Aussicht auf Erfolg gering. Sogar bei fünf von sechs Schritten bin ich nur verhalten optimistisch, dass Sie das gewünschte Ergebnis erzielen. Meine Methode funktioniert deshalb für so viele Menschen, weil das Ganze mehr ist als die Summe seiner Teile. Es ist die Kombination aus den vielen Schichten meiner Theorie, die bei Ihnen einen ausreichend starken Paradigmenwechsel bewirkt, der ein Umdenken und eine unterbewusste Neuprogrammierung auslöst.

Ob Sie jetzt an einen einzelnen Schritt glauben oder nicht, bitte lassen Sie die Methode unverändert. Jeder dieser sechs Schritte arbeitet mit den anderen Schritten Hand in Hand, um das angestrebte Resultat zu erzielen. Den ersten Schritt haben Sie bereits lange vor dem Kauf dieses Buches unternommen, indem Sie es müde waren, ständig vom Alkohol müde zu sein. Dabei wurde Ihnen bewusst, dass Alkohol mehr Probleme schafft, als er löst. Das ist ein wunderbares Stadium, da Sie an diesem Punkt nicht mehr zu den 80 Prozent der Menschen gehören, die sich ihr Problem nicht eingestehen, und Sie jetzt zu einer gewissen Elite zählen.

Der Schritt zwei wurde in den ersten zehn Kapiteln des Buchs erklärt. Um diesen Schritt erfolgreich abzuhaken, müssen Sie mit mir vollkommen übereinstimmen, dass der Alkohol nicht ein harmloses Gesellschaftsspiel, sondern eine hinterhältig verpackte, suchterzeugende Droge ist. Die Lügen, an die Sie geglaubt haben, müssen enttarnt sein. Daher können Sie logischerweise im Konsum von Alkohol keinen Nutzen mehr erkennen. Wenn das nicht der Fall ist und Sie immer noch denken, dass Ihnen etwas entgeht, wenn Sie nicht trinken, dann wird diese und jede andere Methode bei Ihnen versagen.

Es ist so gut wie unmöglich, etwas aufzugeben, das Sie für einen positiven Beitrag zu Ihrem Leben halten. 95 Prozent der Teilnehmer bei den Anonymen Alkoholikern werden aus diesem Grund rückfällig. Wenn Sie weitertrinken möchten, weil Sie denken, dass es Ihnen gut schmeckt, Sie selbstbewusst macht und Ihnen beim Entspannen hilft, oder wenn Sie einer anderen Lüge aufsitzen, tun Sie sich bitte selbst einen Gefallen: Gehen Sie auf Seite eins des Buchs und fangen Sie wieder von vorn an zu lesen. Es ist Unsinn, für Vitamine und Nahrungsergänzung Geld auszugeben oder weiterzumachen, wenn die ersten zwei Teile der Methode nicht hundertprozentig sitzen.

Wenn Sie immer noch lesen, gratuliere ich Ihnen herzlich! Das heißt, Sie haben die Schritte eins und zwei erledigt und in Ihrer Hand befindet sich eine Liste für die Apotheke, auf der steht:

Breitband-Multivitamine, ein Mal pro Tag
Vitamin-B-Komplex
Omega-3-Kapseln 1000 mg
5-HTP Kapseln 50 mg
Vitamin-C-Kapseln
Vitamin-D Kapseln IU 2500, ein Mal pro Tag

Sie sind nun auf Schritt vier vorbereitet, und der ist der wichtigste Schlüssel, um mit dem Trinken aufzuhören. Sie müssen Ihres bewussten Denkens gewahr werden, das unentwegt versucht, die Kontrolle an sich zu reißen. Das passiert so oft, dass uns die Aufgabe fast unlösbar erscheint und wir zunächst gar nicht wissen, wo wir anfangen sollen.

Hier ist eine Liste von Beispielen, wie Ihr Ego versucht, Sie zu überrumpeln:

Sie sitzen in einem Meeting. Plötzlich überlegen Sie, was Sie zu Abend essen werden. Das ist Ihr Ego beim Versuch, die Zukunft vorherzusagen.

Sie ziehen sich ein Kleidungsstück an und merken, dass es ziemlich eng sitzt. Sie beginnen, sich schlecht zu fühlen, da es noch vor Kurzem perfekt passte. Das ist Ihr Ego, das die Vergangenheit in die Zukunft ziehen will.

Ihr Chef kritisiert Ihre Arbeit, und Sie denken sofort daran, was er selbst falsch macht. Wie kann er es wagen, so mit Ihnen zu sprechen? Weiß er denn nicht, wie viel Zeit Sie schon in das Projekt gesteckt haben und so weiter. Das ist ein Angriff auf Ihr Ego, welches Kontra geben muss.

Sie fahren in Ihrem Wagen. Plötzlich schneidet ein anderes Auto Ihren Weg und hupt Sie energisch an. Sofort hupen Sie zurück, empört darüber, dass der Sie für seinen Fehler verantwortlich macht. Das ist ein Angriff auf Ihr Ego, welches natürlich sofort wieder Kontra geben muss.

Sie wollen auf eine Party gehen und grübeln, wie Sie dort ohne einen Drink auskommen. Das ist Ihr Ego, welches Ihr Versagen prophezeit.

Sie haben vergangenen Abend vergessen, sich die speziellen Stop-Drinking-Hypnose-Sitzungen anzuhören. Sofort sind Sie in Sorge, dass jetzt die gesamte Methode nicht mehr funktioniert. Das ist erneut Ihr Ego, welches Ihr Versagen vorwegnimmt.

Alle Gedanken an die Vergangenheit und Zukunft werden von Ihrem Ego generiert. Weil sie für Ihr Unterbewusstsein nicht existieren, werden sie von diesem auch nicht in Betracht gezogen. Die Gedanken sind nicht alle grundsätzlich negativ, aber die Wahrscheinlichkeit, dass sie positive Auswirkungen haben, ist gering. Ein Beispiel: Auch wenn Sie sich darauf freuen, Ihre Kinder oder Ihren Partner am Feierabend wiederzusehen, wird das oft mit einer negativen Assoziation formuliert: „Ich kann es nicht erwarten, nach Hause zu kommen und mit den Kindern zu spielen" oder

„Ich wünschte, es wäre endlich Dienstschluss!" Auch wenn Sie meinen, dass darin eigentlich ein positiver Denkprozess steckt, wird Ihnen vom Ego suggeriert, dass der Moment des Glück zu einem anderen Zeitpunkt stattfindet und nicht im Hier und Jetzt.

Sie müssen keine Willenskraft einsetzen, um das zu unterbinden. Ich bitte Sie nur, sich der Tatsache bewusst zu sein, dass es passiert, wenn es gerade passiert. Lachen Sie darüber, sobald es Ihnen auffällt. Heißen Sie die Gedanken Ihres Ego wie einen alten Freund herzlich willkommen. Damit geschieht eine Unterbrechung und die Gedanken verlieren ihre Kraft. Sobald Sie realisieren, dass Ihr Ego nicht Ihr wahres Selbst ist, werden unglaubliche und wunderbare Dinge in Ihrem Leben entstehen. Ich bin mir bewusst, dass das viel zu einfach und nach „zu schön, um wahr zu sein" klingt, aber das kommt ja wieder von Ihrem Ego, welches Ihr Versagen vorhersagt. Wenn Sie mir nicht glauben, dann geben Sie mir zumindest für die kommenden 21 Tage einen Vertrauensvorschuss und setzen Sie für diese Zeit voraus, dass es so ist, wie ich es Ihnen sage – und dann schauen Sie, wie sich die Dinge verändern.

Für jemanden, der mit dem Trinken aufhören möchte, ist das Bedürfnis des Ego, die Zukunft vorherzusagen , ein besonderes Problem, weil es Ihnen immer schlagende Argumente liefern will, warum das Leben ohne Alkohol weniger lebenswert ist. Das Ego hasst jede Veränderung, die ihm von außen aufgezwungen wird, weil es dadurch die vollständige Kontrolle verliert.

Hier nun einige falsche Prognosen des Ego zur Alkoholabstinenz:

- Gesellschaftliche Anlässe werden von nun an keinen Spaß mehr machen.

- Im nüchternen Zustand wird auch der Urlaub weniger genussvoll.
- Sie haben nichts mehr, womit Sie sich nach einem stressigen Arbeitstag entspannen können.
- Man kann in der Zukunft nichts mehr feiern.
- Sie werden immer mit dem Einschlafen Probleme haben, wenn Sie aufhören zu trinken.

Wenn Sie solche Gedanken beschleichen, während Sie überlegen, den nächsten Schritt auf Ihrem Weg zu einem nüchternes Leben zu tun, dann halten Sie sich bitte immer vor Augen, dass dabei wiederum nur Ihr schwächliches Ego etwas versucht, wozu es nicht im Stande ist, nämlich die Zukunft vorherzusagen. Beobachten Sie genau, ob diese Gedanken als Erinnerung an die Vergangenheit auftreten oder eine Aussage über die Zukunft beinhalten, denn dann wissen Sie sofort, dass Ihr Ego dahintersteckt, welches wegen Ihres Verhaltens in Panik geraten ist. Kehren Sie zurück in die Gegenwart, in das Hier und Jetzt.

Henrik Edburg fasst die Vorteile eines Lebens im Hier und Jetzt wie folgt zusammen:

Klarheit. Wenn Sie im Augenblick leben, sind Sie besser fokussiert, und die Dinge fließen natürlicher. Das ist sehr hilfreich bei Gesprächen, bei der Arbeit, während des Schreibens oder auf dem Tennisplatz.

Gelassenheit. Sie sind zentriert, entspannt und alles, was Sie tun, geht leichter. Da Sie nicht in die Zukunft projizieren und auch nicht Vergangenes reflektieren, existiert fast keine lähmende Angst, die Sie blockiert.

Positive Einstellung. Da es im Hier und Jetzt nahezu keine Angst gibt, bewegen Sie sich in der Gegenwart überwiegend auf der positiven Seite der Gefühlsskala.

Das klingt doch schön und hilfreich, oder? Aber wie können Sie aus dem Gedankenkreislauf heraustreten, der Sie zwischen Erinnerungen und Fantasien hin- und herreißt? Wie können Sie in den gegenwärtigen Augenblick zurückkehren?

Hier sind sieben Möglichkeiten. Sie werden zwar anfänglich immer wieder ungewollt in das Denken über die Zukunft und die Vergangenheit abgleiten, aber je mehr Zeit und Ehrgeiz Sie aufwenden, umso leichter wird Ihnen die Verbindung mit der Gegenwart fallen, in der Sie dann immer länger verbleiben.

1. Konzentrieren Sie sich auf das, was gerade vor Ihnen ist.

Oder um Sie herum. Oder auf Ihnen. Setzen Sie Ihre Sinne ein. Schauen Sie an, was Sie vor sich haben, genau jetzt. Hören Sie die Geräusche in der Umgebung. Fühlen Sie den Stoff Ihrer Kleidung auf Ihrer Haut.

2. Konzentrieren Sie sich auf Ihren Atem.

Atmen Sie mehrere dutzend Male in Ihren Bauch und achten Sie dabei auf das Ein- und Ausatmen. Auch das wird Sie wieder mit dem Augenblick ausrichten.

3. Konzentrieren Sie sich auf das Körperinnere.

Das ist dem Konzentrieren auf den Atem sehr ähnlich. Auch hier fokussieren Sie sich mehr auf das innere Geschehen als auf das Äußere. Was ist das Körperinnere? Man könnte es als die Energie in Ihrem Körper bezeichnen: wie sich Ihr Körper im Inneren anfühlt. Sie beginnen dabei ganz praktisch. Indem Sie sich zunächst auf Ihre Hand konzentrieren, nehmen Sie wahr, wie sich Ihre Hand anfühlt und wie die Energie in ihr fließt. Das klingt vielleicht ein wenig merkwürdig, aber wenn Sie es einige Male versuchen, werden Sie die Energie im Inneren Ihrer Hand spüren.

4. Nehmen Sie die Stimmung von Menschen auf, die im Augenblick leben.

Sie können versuchen, die Schwingungen von Menschen, die im Hier und Jetzt leben, zu spüren und aufzunehmen (wie Sie auch eine positive Einstellung und den Enthusiasmus anderer aufnehmen können). Sollten Sie niemanden kennen, empfehle ich Ihnen die Arbeit von Eckhart Tolle. Er schreibt auch Bücher, aber am besten eignen sich seine CDs und DVDs, da die Tonalität der Stimme wie auch die Körpersprache wichtig für eine Verbindung sind.

5. Geben Sie bereits bestehende Gefühle auf.

Man kann sich leicht in alten, wiederkehrenden Erinnerungen und Gefühlen verfangen. Sie wollen sie vielleicht nicht mehr, aber sie kommen immer wieder. Den Gefühlen muss die Macht über Sie genommen werden. Dabei wird nicht gekämpft, man gibt sie vielmehr auf. Das Gefühl läuft in einer Schleife ab, die durch Resistenz nur noch mehr Energie erhielte. Mit dem Akzeptieren des Gefühls wird der Energiefluss unterbrochen, und es verschwindet.

Und so wird das gemacht:

Sagen Sie Ja zu dem Gefühl. Geben Sie nach und lassen Sie es herein. Beobachten Sie es ganz genau, ohne es zu bewerten oder zu verurteilen. Ich habe an mir erfahren, dass sich das Gefühl zunächst in der Mitte der Brust festsetzt und nach einigen Minuten des wertfreien Beobachtens einfach verfliegt. Viele Techniken ähneln einander sehr stark, es geht immer um das Beobachten.

6. Betrachten Sie die Dinge, als wäre es das erste Mal.

Auch diese Technik gleicht der ersten, sie erweist sich aber als sehr hilfreich, wenn Sie Mühe beim Beobachten Ihrer Umgebung haben. Nehmen Sie eine Rolle ein und sehen Sie die Dinge mit den Augen eines Kindes, als wäre es das erste Mal und Sie hätten sie noch nie zuvor betrachtet. Ich mag die Technik und wandte sie bereits vor vielen Jahren immer wieder intuitiv an, ohne den Hintergrund verstanden zu haben.

Zu beachten: Die letzten beiden Techniken sind vielleicht nicht die besten, um sich mit dem gegenwärtigen Augenblick zu verbinden, aber sie funktionieren bis zu einem gewissen Grad. Auf lange Sicht könnten sie sich als der Gesundheit ein wenig abträglich erweisen; ich überlasse es Ihnen, ob Sie sie anwenden.

7. Leichtes Drücken oder Schlagen.

Versetzen Sie sich einen ganz leichten Schlag auf Ihr Bein oder drücken Sie Ihren Arm. Sie können auch jemanden ersuchen, das für Sie zu tun. Jetzt konzentrieren Sie sich auf den Sinneseindruck. Das wird Sie sofort in das Hier und Jetzt zurückbringen.

Als Mitglied des „Alkohol hat mich belogen"-Online-Clubs erhalten Sie zahlreiche hervorragende Tipps für ein positives, bewusstes Erleben des Moments. Wie bei allem müssen Sie auch hier selbst herausfinden, was Ihnen am wirksamsten hilft.

Kapitel 12:
Mit dem Entzug umgehen

Wenn sie Alkohol nicht mehr nützlich finden, wollen die meisten Menschen nicht mehr trinken und tun es auch nicht mehr. Einige brauchen vielleicht ein wenig mehr Zeit, um die Information zu verarbeiten. In den nächsten Wochen werden Sie einer Reihe von negativen Folgen des Alkohols begegnen, die Sie bisher nicht kannten. Sie werden lallende Freunde auf Partys beobachten, die wie Meister der freien Rede Hof halten und dabei nur narkotisierte Witzbolde sind, die Kauderwelsch von sich geben. Und Sie werden die Sexualisierung des Alkohols in der Werbung bemerken. Natürlich wird dieser Sex in erster Linie durch schöne Frauen und attraktive Männer dargestellt, um potentielle Trinker auf eine bestimmte Marke aufmerksam zu machen, die mit Sex in Wahrheit nichts zu tun hat.

Es wird behauptet, als Menschen hätten wir ein Reptiliengehirn, das auf gewisse Urtriebe reagiert. Nahrung ist einer davon, Sex und Fortpflanzung ein anderer. Die zugrundeliegende und programmierte Veranlagung, auf sexuelle Darstellungen zu reagieren, macht sich die Werbung schon seit über hundert Jahren zu Nutzen. Und die

Industrie wäre töricht, die Anziehungskraft von sexuellen und erotischen Botschaften zu ignorieren.

Bereits im Jahre 1885 hatte der Hersteller von Gesichtsseife W. Duke & Söhne seinen Produkten Sammelkarten beigelegt, auf welchen erotische Darstellungen der damals populärsten weiblichen Stars zu sehen waren. Die Verbindung zwischen Seife und Sex ist zwar schwach, aber es funktionierte. Seitdem haben sich Firmen auf Kundensuche in ihrer Werbung suggestiv und plump mit sexueller Bildersprache mitgeteilt. Besonders bei Werbeanzeigen für Alkohol, Mode, Parfüms und Autos kann ein starker sexueller Bezug festgestellt werden.

Aber kann man tatsächlich durch Sex mehr verkaufen? Ja, man kann. Das ist eine Tatsache. Verbreitete Männermagazine wie Maxim und FHM haben oft mit ihren Titelseiten experimentiert. Wenn darauf eine aufreizende, halbnackte Frau zu sehen war, wurden beachtlich mehr Zeitschriften verkauft, als wenn ein männlicher Star abgebildet wurde – auch wenn man über ihn vielleicht gern etwas gelesen hätte.

Wenn Werbeanzeigen sexuell provozieren, können sich speziell Männer kaum zurückhalten. Das liegt an den Genen. Wenn in Ihrer Anzeige eine sexuelle Situation dargestellt ist, wird die Rückmeldung darauf in Form steigender Verkaufszahlen nicht lange auf sich warten lassen.

Betrachten Sie die wissenschaftliche Theorie hinter der erotischen Werbung, dann erkennen Sie, wie hinterhältig und unaufrichtig es ist, Leute zum Konsum einer suchterzeugenden Droge zu bringen. Sex einzusetzen, um eine genetisch bedingte Handlung zu provozieren, ist insofern heimtückisch, als Menschen ermutigt werden, ein Produkt zu konsumieren, das eigentlich ein Gift ist. Alkohol mit Sex zu bewerben wäre nur statthaft, wenn Alkohol tatsächlich die Wirkung hätte, die ihm die Werbung zuspricht. Würde man durch eine bestimmte Marke des Zeugs plötzlich zu einem unglaublich gutaussehenden Menschen, wäre ich damit einverstanden. Sie werden aber als jemand, der ohne das attraktiv verpackte Gift auskommt, sehen, wie abstoßend und widerlich die Menschen unter dem Einfluss der Droge werden.

Auf der Internetseite von „Alkohol hat mich belogen" richte ich an die Mitglieder eine Aufforderung. Wenn Sie schon einige Monate nichts mehr trinken und dann jemanden, der das noch tut, küssen oder mit ihm/ihr intim werden, können Sie auf dieser Seite anonym ihre Erfahrungen beschreiben. Bis heute hat noch niemand berichtet, dass es ein Vergnügen sei, jemand Betrunkenen zu küssen, vielmehr ist da die Rede von „muffig, übel und ekelig". Im nüchternen Zustand erkennen Sie all die Leute in der Mausefalle, die glückselig und ohne den Hauch einer Ahnung von ihrer misslichen Lage in ihr festsitzen.

Der Alkohol produziert eine Unzahl von Lügen, um die schmerzliche Wahrheit zu verschleiern. Wenn Ihnen ein Kollege mitteilt, er könne es nicht erwarten, nach Hause zu kommen und bei einer Flasche Wein zu entspannen, dann werden Sie das von nun an anders sehen. Sie wissen, dass dieses Ritual nichts mit Entspannung zu tun hat, sondern dass es die Symptome eines Alkoholkicks sind, die für gewöhnlich am Ende eines Arbeitstages ihre Intensitätsspitze erreichen. Beobachten Sie die Lügen, die von Ihren Freunden, der Familie und Kollegen kommen, aber fühlen Sie sich bitte keinesfalls aufgefordert, sie darauf anzusprechen. Dinge zu beleuchten, welche andere Menschen ganz bewusst im Dunkel halten wollen, ist ein direkter Angriff auf deren Ego, und Sie müssen mit feindlicher Abwehr rechnen.

Wenn Sie aufhören zu trinken, werden die Entzugserscheinungen im Verlauf der folgenden zwei Wochen jeden Tag schwächer. In diesem Zeitraum und darüber hinaus werden die Nahrungsergänzungen beginnen, ganze Arbeit zu leisten. Sie wirken nicht über Nacht und bei jedem unterschiedlich. Bei dem einen tritt bereits innerhalb der ersten Woche eine massive Verbesserung ein, beim anderen kann es länger dauern. Viele sind sich der Wirkung gar nicht bewusst, bis sie mit der Einnahme aufhören und sofort merken, was ihnen fehlt.

Wenn Sie während dieser Zeit oder auch später den Drang zu trinken verspüren und es Ihnen schwerfällt, sich in den gegenwärtigen Augenblick zu versetzen, oder wenn das Verlangen so stark wird, dass Sie es kaum noch verhindern können, sich einen Drink einzugießen – dann möchte ich, dass Sie eine Technik mit dem Namen Gedankenfeldtherapie anwenden. Auch dieses Prinzip klingt so simpel, dass es vermeintlich keinen konkreten Nutzen bringen kann.

Die Gedankenfeldtherapie ist eine Akkupunkturtechnik und basiert darauf, spezifische Meridianpunkt am Oberkörper durch Klopfimpulse zu stimulieren. Entdeckt wurde die Technik im Jahr 1980 von dem berühmten Psychologen Roger Callahan, als er die Theorie aufstellte, dass negative Gedankenmuster einem Computerprogramm ähnlich sind und sich auf alle Menschen gleichermaßen auswirken. Daher fühlt sich Angst sowohl körperlich wie auch mental bei mir so an wie bei Ihnen – bei uns beiden läuft das gleiche Programm ab. Nach Callahans System können wir das Programm durch Stimulation bestimmter Druckpunkte buchstäblich abstellen. Es ist wie eine „Alles markieren und löschen"-Funktion gegen negative Gefühle, Angst und – für uns wohl am wichtigsten – gegen das Verlangen, Alkohol zu trinken.

Wenn Sie das nächste Mal den Zwang zu Trinken abstellen müssen, ziehen Sie sich kurz in einen ruhigen Raum zurück. Klopfen Sie mit Ihrem Zeige- und Mittelfinger etwa 10 bis 20 Mal ganz sanft auf Ihren Wangenknochen, direkt unter dem Augenwinkel. Dies wiederholen Sie danach an der Stelle gleich über Ihren Augenbrauen. Wechseln Sie zwischen den Punkten ab und fragen Sie sich dabei immer wieder, wie dringlich Sie jetzt wirklich einen Drink brauchen.

Während jeder Klopfserie bewerten Sie das Verlangen auf einer zehnteiligen Intensitätsskala. Anfänglich mögen Sie oben zwischen neun und zehn liegen, aber mit jeder Klopfsequenz sinkt der Wert. Sie werden vom verzweifelten „Muss ich haben" über das „Es wäre schön zu haben" allmählich den Punkt des „Ich kann es tun, aber auch lassen" erreichen.

Oft wird das leichtfertig als „Esoterik-Quatsch" abgetan, und Sie müssen ja auch nicht daran glauben. Suchen Sie im Internet nach Gedankenfeldtherapie oder englisch „Thought Field Therapy". Sie werden da unzählige Nachweise darüber finden, wie vielen Tausenden, wenn nicht Hunderttausenden Menschen die Technik bereits geholfen hat.

Während des Kicks könnten Sie einige seltsame Wahrnehmungen machen. Wahrscheinlich werden Sie vom Trinken träumen. Nicht etwa, weil Sie trinken wollen, sondern als Reflexion der aktuellen Prioritäten-Liste Ihres Ego. Offenbar sehen Sie im Alkohol ein Problem, damit bauen sich die Träume um diesen emotionalen Brennpunkt auf. Sie träumen ja mitunter nach einem spannenden Kinofilm eine ähnliche Handlung, in der auch Sie eine Rolle spielen.

Nachdem ich mit dem Trinken Schluss gemacht hatte, bin ich morgens oft mit der Überzeugung aufgewacht, ich hätte in der Nacht Alkohol getrunken. Manchmal waren die

Träume so lebhaft, dass ich den Hausmüll nach leeren Flaschen durchsucht habe. Das soll Ihnen keine Angst machen, gehen Sie damit um, wie mit allem anderen. Lächeln Sie und beobachten Sie es wertfrei. Solche Träume sind ein gutes Zeichen, denn sie bedeuten, dass Sie durch den gleichen Prozess wie ich gehen, und am Ende steht die absolute und unwiderrufliche Überzeugung, niemals mehr Alkohol zu trinken.

Des Weiteren werden Sie ein vages Gefühl des Verlusts verspüren, und zwar in Situationen, in denen Sie früher für gewöhnlich Alkohol konsumiert haben. In den vergangenen fünfzehn Jahren haben wir unseren Sommerurlaub jedes Jahr in unserer Villa auf Zypern verbracht. Und wie das im Urlaub so üblich ist, wurde gebadet, gelesen, gesonnt, gegessen und natürlich auch getrunken. Nach einem ungeschriebenen Gesetz darf man im Urlaub zu jeder Tageszeit trinken. Damals nahm ich meinen ersten alkoholischen Drink immer so gegen zehn Uhr morgens am Pool und hatte bis zum Abend wieder schön nachgetankt. In meinem ersten Urlaub als Antialkoholiker fühlte es sich tatsächlich seltsam und ungewöhnlich an, mir an dem Ort ein Glas Mineralwasser einzugießen, wo ich mir normalerweise ein kaltes Bier aus dem Kühlschrank holte. Meine damalige Frau trank zu der Zeit noch, und das verstärkte mein Gefühl. Ich war nicht eifersüchtig auf meine Frau mit ihrem Glas Wein, denn ich wollte absolut nicht trinken, aber etwas schien nicht zu stimmen.

Eines Abends besuchten wir, wie fast jeden Abend, die Strandbar. Der Eigentümer, ein griechischer Zypriot namens Andreas, verstand es, uns immer wie alte Freunde äußerst herzlich zu begrüßen. Er unterhielt auch unsere Kinder, indem er jeweils so tat, als gieße er Wodka in ihre Limonade, wodurch sich die beiden augenblicklich so erwachsen wie ihre Eltern fühlten. Auch dieses Mal bemerkte er uns sofort, eilte auf uns zu, um uns zu begrüßen, und führte uns zu einem Tisch mit einem atemberaubenden Ausblick auf das Mittelmeer. Nach einem kurzen Small Talk gab er der Kellnerin hinter der Bar ein kaum merkliches Zeichen, und wenig später kam sie mit einem Tablett voller Getränke. Andreas demonstrierte stolz sein fabelhaftes Gedächtnis, indem er vor meiner Frau ein Glas Weißwein platzierte. „Weiß für Mrs. Beck", sagte er mit seinem weichen griechischen Akzent. Als Nächstes kamen zwei fast fluoreszierende Getränke in riesigen Gläsern, ein Meisterwerk aus verschiedenen Flüssigkeiten, grün am oberen Rand, dann ein sattes Orange im mittleren Bereich, welches sich gegen den Glasboden hin in ein leuchtendes Rot verwandelte.

„Spezial-Cocktails für die Kinder, ein Wodka und ein Bacardi", sagte er mit einem Zwinkern für die Erwachsenen. Meine zwei Kinder kicherten. Sie wussten, dass in den Gläsern nichts als Fruchtsaft und Sirup war, aber ihnen gefiel der Gedanke, dass jemand die Ankündigung mithören hätte können – das machte sie zu einem Teil der Erwachsenen-Clique. So ist nun mal die gesellschaftliche Konditionierung der Droge Alkohol. Ich musste lächeln, als Jordan und Aoife begeistert an ihren „Cocktails" schlürften, aber das Lächeln gefror mir im Gesicht in dem Moment, als Andreas ein riesiges, eisgekühltes Glas Leon, die lokale Biersorte, vor mir abstellte.

„Yammas!", prostete uns Andreas zu und ging weg.

Ich dachte einige Sekunden nach, was ich jetzt tun sollte. Ich wollte Andreas nicht beleidigen, indem ich ihm das Bier zurückschickte, aber ganz bestimmt wollte ich es nicht trinken. Ich hatte mir nicht viel dabei überlegt, überhaupt erst in diese Bar zu gehen. Was würde ich trinken? Würde ich mich langweilen? Früher hatten wir da immer den ganzen

Abend verbracht und uns langsam mit Alkohol narkotisiert. Als niemand hersah, kippte ich das Bier in einen Pflanzenkübel und bestellte rasch eine Limonade, damit Andreas mein Glas nicht nachfüllen konnte, wie er das sonst immer tat.

Ich gebe zu, dass mich in dem Moment das Gefühl beschlich, ich hätte etwas verloren, und das machte mich traurig. Ich war zudem ein wenig verwirrt, weil ich überzeugt war, das Verlorengegangene überhaupt nicht mehr zu wollen. Auch Sie werden früher oder später solche Momente erleben, sei es auf einer Hochzeit oder einem anderen gesellschaftlichen Anlass, wo es all die schönen Drinks umsonst gibt. Jemand wird Ihnen ein Glas reichen, und für einen kurzen Augenblick werden Sie bedauern, es nicht trinken zu können. Dann müssen Sie sich selbst daran erinnern, dass das Gefühl nichts mit dem Alkohol zu tun hat, sondern lediglich eine konditionierte Reaktion ist.

Ein gänzlich anderes Erlebnis auf Zypern hat mir geholfen, mich an mein neues Ich zu gewöhnen. Eine Autovermietung hatte unsere Reservierung verbaselt, und die Angestellten konnten die Buchung nicht finden. Betroffen entschuldigten sie sich und fanden für uns doch noch ein Auto, allerdings mit Automatikgetriebe anstelle einer Handschaltung. Noch nie zuvor hatte ich einen Wagen mit Automatik gefahren und fand es extrem verwirrend, meinen linken Fuß und den Schaltknüppel nicht zu benutzen. In den ersten Tagen fuhr ich wie ein blutiger Anfänger. Ich saß aufrecht und steif in meinem Sitz, krallte mich am Lenkrad fest und musste mich bei jedem Manöver höchst konzentrieren.

Etwa drei Tage fühlte ich mich beim Fahren unbehaglich, aber dann wurde es zur Routine. Zurück in England, sprang ich in mein Auto mit Schaltgetriebe und war plötzlich wieder damit etwas unbeholfen. Nicht durch den Alkohol fühlen Sie ein Bedauern, sondern durch Ihre frühere Konditionierung, die aber schnell verschwindet.

Bände ich Ihnen Ihren rechten Arm für ein Jahr auf dem Rücken fest, so wüssten Sie danach nicht so recht, was Sie mit der befreiten Extremität anfangen sollten. So werden Sie sich in den Situationen fühlen, in denen Sie zuvor immer ein alkoholisches Getränk hatten. Je fester Sie sich in Ihrer neuen Realität verankern, umso leichter wird es Ihnen fallen.

Also genießen Sie jeden einzelnen dieser Momente als weiteren Schritt in ein klares, nüchternes und glückliches Leben.

Kapitel 13:

F.A.Q.

(Häufig „gelallte" Fragen)

Verzeihen Sie mir dieses schrullige Wortspiel, aber der nun folgende Abschnitt von „Alkohol hat mich belogen" ist auf Ihrem Weg aus der Alkoholabhängigkeit sehr nützlich. Im Laufe der Jahre haben mir Problemtrinker unzählige Fragen gestellt, zumeist suchten sie einen Vorwand dafür, mit der Droge ihrer Wahl weitermachen zu können. Zahlreiche Fragen kommen von den Mitgliedern meines Online-Clubs auf www.CraigBeck.com. Da sich die Erfahrungen mit Alkohol ähneln, hoffe ich, auch Sie eines Tages dort anzutreffen, um Ihre Geschichte zu hören.

Zweifellos gingen einige der folgenden Fragen auch Ihnen schon durch den Kopf, also legen wir los:

F1: Ich möchte wirklich gern aufhören, aber ich arbeite mit ziemlich zähen Jungs zusammen und wenn ich mit denen nicht trinke, würde ich am Ende nicht alles mitbekommen. Sollte ich das Trinken nicht einschränken, anstatt es aufzugeben?

A1: Ich kann mich gut in Ihre Lage versetzen. Wir leben in einer seltsamen Welt, in der man wohl nur durch das Trinken als „richtiger Kerl" gilt. Als Trinker war ich bekannt dafür, viel zu vertragen. Heute sollten wir wissen, dass eine solche Toleranz ein erstes Zeichen eines ernstlichen Problems mit der suchterzeugenden Droge ist und kein Merkmal für Ihre Männlichkeit. Ich hörte mit dem Trinken im Winter, im Monat November auf. Eigentlich hätte ich das Vorhaben in den Januar verschieben müssen, da man unmöglich ohne Drink durch die Weihnachtsfeiertage kommt (wieder eine Lüge, die uns eingetrichtert wurde). Ich wachte damals auf und mir war klar, dass in Bezug auf Alkohol nicht ich, sondern der Rest der Welt falsch lag und hörte einfach auf damit. Daher war es belanglos, in welchem Monat das stattfand.

So einfach mir das Aufhören auch fiel, ich musste trotzdem die traditionelle Weihnachtsfeier mit meinen trinkenden Kumpels überstehen. Es begann in unserer Stammkneipe. Mein Freund Roy ging an den Tresen und bestellt sich eine Halbe vom starken Importbier, wandte sich zu mir und fragte: „Für dich auch?" Ich schüttelte den Kopf und verlangte stattdessen eine Diät-Cola. Für einen Moment hielt er inne, dann sagte er: „Eine Cola? Ich bestell dir doch keine Cola! Sei ein Mann und trink ein Bier!", rief er, schon bei dem Gedanken an eine Cola ziemlich angewidert. „Es ist okay, Roy, ich möchte eine Cola", antwortete ich. „Was ist los mit dir, Mann? Bist du schwul geworden oder was?", erwiderte Roy.

Ich erkenne bis heute nicht die Logik hinter der Annahme, es habe etwas mit der Veränderung der sexuellen Orientierung zu tun, wenn man nicht länger freiwillig eine giftige Chemikalie einnehmen will. Und doch leider werden auf der ganzen Welt solche Bemerkungen über heterosexuelle Männer gemacht, wenn sie die Kontrolle über ihre Trinkgewohnheiten wieder übernehmen. Es ist absurd und lachhaft, aber wie gehen Sie damit um?

Beharren Sie auf Ihrem Standpunkt! Langsam werden sich Ihre Freunde an Ihr neues, gesünderes Selbst gewöhnen. Wir sprachen bereits darüber, dass es Ihr neuer, höherer Lebensstandard ist, der den tieferen Lebensstandard des anderen hervorhebt. Das verursacht ihm Schmerzen, welche von seinem Ego nicht toleriert werden. Die nagenden Zweifel offenbaren ihm, dass es auch für ihn besser wäre, mit dem Trinken aufzuhören. Aber sein Ego hasst jede Form des Verlustes und macht sich dafür stark, Sie zum Trinken zu überreden.

Roy fragt mich schon lange nicht mehr, ob ich einen Drink möchte. Er holt sich an der Bar sein Bier und bringt mir eine Diät-Cola mit. Vielleicht murmelt er eine kleine spöttische Bemerkung, wenn er mir die Cola in die Hand drückt, aber letzten Endes hat er sich damit abgefunden, und das werden Ihre Freunde auch tun. Geben Sie den Versuchungen nicht nach, die Sie zurück in die Mausefalle bringen.

F2: Ich habe gehört, dass die Mariendistel die Leber schützt. Kann ich weitertrinken, wenn ich sie nehme?

A2: Mariendistel (*Silybum marianum*) wird seit 2000 Jahren als pflanzliches Heilmittel bei Problemen mit der Leber, den Nieren und der Gallenblase eingesetzt. Gemäß wissenschaftlichen Studien schützen die Substanzen der Mariendistel (speziell das Flavonoid Silymarin) die Leber vor Toxinen wie zum Beispiel der Droge Acetaminophen (Tylenol), welches in hoher Dosis die Leber schädigt. Silymarin wirkt antioxidantisch sowie entzündungshemmend und unterstützt die Leber bei der Regeneration durch neues Zellwachstum. Obwohl Studien zeigen, dass die Mariendistel bei Tieren eine leberschützende Wirkung hat, sind die Ergebnisse bei Menschen uneinheitlich.

Die Mariendistel wird oft bei der Behandlung von alkoholbedingter Hepatitis und Zirrhose eingesetzt, jedoch mit gemischten Resultaten. Die meisten Studien zeigen nur, dass diese Pflanze die Leberfunktion unterstützt und die Überlebenschancen bei Patienten mit Zirrhose oder chronischer Hepatitis erhöht. Die Probleme bei den jeweiligen Versuchsaufbauten (geringe Zahl an Probanden und unterschiedliche Dauer und Dosierung während der Therapie) lässt ein abschließendes Fazit kaum zu.

Das Experimentieren mit der Mariendistel ist ein Glücksspiel, das Sie wagen können, wenn Sie wollen. Wenn Sie aber ernsthaft glauben, deswegen mit dem Trinken fortfahren zu können, dann ist die Botschaft dieses Buches nicht zu Ihnen durchgedrungen. So eine Handlung setzt voraus, dass im Trinken von Alkohol ein Nutzen steckt, und das ist gelinde gesagt verrückt.

Alkohol ist attraktiv verpacktes Gift, das mit einer hinterhältigen und irreführenden Marketingkampagne im Multi-Milliarden-Dollar Bereich unter die Menschen gebracht wird. Was Sie vorschlagen, klingt genauso effektiv wie die Idee eines Rauchers, nur jeden zweiten Zug an der Zigarette zu inhalieren und deswegen zu denken, er sei keinem Lungenkrebs-Risiko ausgesetzt. Alle Gedanken, die sich mit dem Weitertrinken beschäftigen, sind Beweise dafür, dass Sie das Gift ein für alle Mal aus Ihrem System entfernen müssen.

F3: Wie kann ich das Trinken an Weihnachten, Ostern und anderen Anlässen vermeiden?

A3: Dann fange ich am besten mit der Frage an, wie Sie es bisher angestellt haben, an Weihnachten kein Heroin zu spritzen? Das mag vielleicht dumm klingen, aber in Wahrheit gibt es nur zwei Unterschiede zwischen Alkohol und

Heroin. Zum einen die gesellschaftliche Akzeptanz. Weil jeder an Weihnachten trinkt, ist es sicher harmlos. Aber der Umstand, dass es jeder tut, macht es nicht ungefährlich. Noch vor zwei Jahrzehnten wurde mit dieser verdrehten Logik das Rauchen gerechtfertigt. Die gesellschaftliche Anerkennung des Rauchens hat aber nicht verhindern können, dass Zehntausende Menschen an Lungenkrebs starben. Alkohol ist und bleibt nett verpacktes Gift, ob es nun von einem Menschen oder von einer ganzen Nation konsumiert wird.

Der zweite Unterschied liegt im jeweiligen Kick. Alle suchterzeugenden Substanzen werden Sie bestrafen, wenn Sie auf den Umgang mit ihnen verzichten wollen, und das nennt man den Kick. Harte Straßendrogen wie Heroin haben ihre Opfer deshalb fest im Griff, weil man den Kick nur mit vehementer Entschlossenheit und Ausdauer übersteht. Den Schmerz des Heroin-Kicks kann man sich gar nicht vorstellen, und die Betroffenen müssen tagelang Todesqualen aushalten, während sie wissen, dass die Pein mit nur einem Schuss beendet werden könnte.

Wenn Sie denken, dass Sie sich durch den Alkohol gut fühlen, dann haben Sie keine Ahnung von der Kraft des Heroins. Diese Droge erzeugt das Gefühl höchster Ekstase, die besser ist als in unseren schönsten Träumen. Also, nochmals die Frage: Warum greifen Sie an Weihnachten oder Ostern nicht zu Heroin? Die Wirkung ist weitaus besser als bei Alkohol!

Ich kenne die Antwort: Sie erkennen im Heroin keinen Nutzen. Sie glauben nicht, das Gift würde Ihr Leben aufwerten – Ihre Gedanken zu Heroin sind richtig und logisch, so wie man über gefährliche Gifte denken sollte. Das Problem ist, dass Ihr Denken bei der anderen gefährlichen und nett verpackten Droge Alkohol noch immer versagt. Dass das so ist, beweisen Sie mit Ihrer Sorge, Sie könnten Ihre Geburtstagsparty nicht ohne Alkohol überstehen. Sie sollten wirklich beginnen, sich den Tag nach Ihrem Geburtstag ohne den grässlichen Kater der vergangenen Jahre vorzustellen.

Wenn wir über Weihnachten sprechen, müssen wir beachten, dass der Alkohol damit erst seit relativ kurzer Zeit in Verbindung gebracht wird, weil sich dadurch ein angenehmer Vorwand ergibt, mehr von unserer Lieblingsdroge zu konsumieren. Ob Sie nun religiös sind oder nicht, überlegen Sie nur, inwieweit Alkohol mit der Geburt Christi zu tun hat. Natürlich gar nichts. Die Heiligen Drei Könige sind ja nicht mit einem Kasten Bier, einer Flasche Wodka und Kaffeelikör angekommen. Das Drumherum hat sich die Gesellschaft zurechtgelegt, um ihre Beziehung mit einer suchterzeugenden Droge aufrechtzuerhalten.

Richten Sie Ihren Blick gen Osten. Das Fest des Lichts der Hindus, auch als Diwali bekannt, dauert fünf Tage lang und ist erfüllt von Freude, Lachen, Tanz und Heiterkeit. Nicht ein Tropfen Alkohol geht dabei über irgendjemandes Lippen. Wenn Ihnen Leute sagen, dass man keine gute Weihnachten ohne Alkohol haben kann, dann meinen sie damit: „Ich komme ohne Alkohol nicht mehr aus, nicht einmal bei Anlässen, die von sich aus schon vergnüglich und erfreulich sind".

Viele weitere Antworten auf solche Fragen finden Sie in meinem Online-Stop-Drinking-Club auf

www.stopdrinkingexpert.com.

Kapitel 14:
Das Unterbewusstsein neu programmieren

Sowohl die Hörbuch-Version von „Alkohol hat mich belogen" wie auch die Hypnose-Sitzungen zur Neuprogrammierung Ihres Unterbewusstseins erhalten Sie weltweit bei Audible, Amazon und iTunes beziehungsweise sind für Sie als Mitglied des Online-Clubs auf www.CraigBeck.com frei verfügbar. Laden Sie die Hypnose-Dateien auf Ihr Abspielgerät und suchen Sie sich einen ruhigen und abgedunkelten Raum, indem Sie die Hypnose-Sitzungen für zumindest 21 Tage in Ruhe hören können. Die Sitzungen sind so gemacht, dass man für sie auch im belebten Geschäftsalltag Zeit findet, sie dauern nicht länger als 15 Minuten.

Es ist wichtig zu verstehen, was Hypnose ist, und vor allem, was sie nicht ist. Hypnose ist keine Schwarze Magie, kein Partytrick und auch kein Theaterstück. Sie ist ein natürlicher Prozess, der im Gehirn abläuft, und leider wurde in der Vergangenheit häufig negativ darüber berichtet – einige behaupten sogar, Michael Jackson habe eine bessere Presse gehabt als die Hypnose. Zum Glück wurde über die letzten 2000 Jahre auch die seriöse und respektvolle Praxis der

Hypnose dokumentiert. Es ist schon skurril, wie diese großartige Fähigkeit des menschlichen Geistes diffamiert wurde durch Möchtegern-Hypnotiseure, die in einer Bar versuchten, ein Mädchen zum Ablegen seiner Kleidung zu überreden.

Der klassische Bühnenhypnotiseur wird von ausgebildeten Hypnosetherapeuten und Psychologen stets als inkompetenter Dilettant betrachtet, der nicht versteht, was er tut. Wenn sie den wunderbaren Prozess wirklich verstünden, dann fänden sie sicher produktivere Anwendungsmöglichkeiten, als einer Person zu suggerieren, sie sei eine kleine, wuschelige Ente namens Roger.

Oftmals wird die Hypnose mit Schlaf verwechselt. Es kann vielleicht so aussehen, aber eine hypnotisierte Person ist wach und aufmerksam. Hypnose ist schwierig zu beschreiben, und es ist nicht vollständig wissenschaftlich erforscht, welche Prozesse dabei im menschlichen Gehirn ablaufen. Wir wissen allerdings, dass ein Mensch im Trancezustand sehr empfänglich für Suggestionen ist.

Die Aufmerksamkeit wird während der Einleitung zunehmend auf einen Punkt gerichtet. Die normalen Sinneswahrnehmungen werden nach und nach deaktiviert. Beginnend beim Sehen, wird die Person aufgefordert, die Augen zu schließen und sich zu konzentrieren. Bei manchen Personen geht das bis zum Verlust des Körpergefühls. Das muss Ihnen keine Angst einjagen, der Prozess verläuft langsam und angenehm, es wird nicht plötzlich ein Schalter umgelegt.

Sie treten ein in die Welt der Tiefenentspannung bei gleichzeitig geschärfter Wahrnehmung. Wie Sie vielleicht schon vermuten, wird man dadurch empfänglicher für einen Ausgleich. Oft behaupten Menschen nach einer Hypnose, bei ihnen habe es nicht funktioniert. Wenn sie nach dem Grund dafür gefragt werden, antworten sie meist: „Ich konnte alles hören, sogar die Autos, die draußen vorbeifuhren!" Das rührt von dem Missverständnis her, die Hypnose mit Schlafen und Bewusstseinsverlust gleichzusetzen, während das genaue Gegenteil der Fall ist.

Das alles erzähle ich Ihnen nicht, weil ich Sie auf eine Bühne einladen will, sondern um Ihnen ein besseres Verständnis der fantastischen Fähigkeit unseres Unterbewusstseins zu vermitteln. Eine Person in Hypnose ist sehr beeinflussbar. Der Hypnotiseur hat direkten Zugang zum Unterbewusstsein, ohne dabei vom bewussten Denken gestört zu werden. Deshalb kann er einen 1,80 Meter großen und 90 Kilo schweren Mann überzeugen, wie ein zierlicher Balletttänzer seine Pirouetten auf der Bühne aufzuführen.

Hypnose ist so natürlich, dass Sie sie mitunter täglich praktizieren, ohne es zu merken. Sind Sie schon mal mit dem Wagen von der Arbeit nach Hause gefahren und konnten sich nicht an die Fahrt erinnern? Da hat Ihnen die Hypnose einen Besuch abgestattet. Ihr Gehirn nutzte die Gelegenheit, neben der vertrauten und einfachen Aufgabe, nach Hause zu fahren, andere Informationen zu verarbeiten und abzuspeichern.

Vielleicht wurde Ihnen schon einmal bewusst, dass Sie minutenlang wie in einem Tagtraum ausdruckslos auf den Computer-Bildschirm starrten. Das geschieht aufgrund der enormen Informationsmengen, die Ihr Gehirn laufend verarbeiten muss. Nach einigen Stunden der Konzentration muss Ihr Gehirn eine Pause einlegen, um alle aufgenommenen Daten zu ordnen und an der richtigen Stelle abzulegen.

Nehmen wir an, in der vergangenen Stunde haben Sie gelernt, dass die Farbe der Wände in der Kantine gelb ist und dass Ihr neuer Chef David heißt. Ihr Gehirn muss nun sicherstellen, dass die wichtigen Informationen in unmittelbarer Nähe gespeichert werden. Das geht natürlich auf Kosten der Wandfarbe der Kantine, die Sie wahrscheinlich nicht abrufen können, wenn Sie gefragt werden. Aber wen kümmert das, Wände mögen Ohren haben, stellen sich aber taub, wenn sie um eine Gehaltserhöhung gebeten werden.

Wenn Sie mehr zum Thema Hypnose lesen möchten, empfehle ich Ihnen das Buch „Patterns. Muster der hypnotischen Techniken Milton H. Ericksons" von Richard Bendler und John Grinder.

Zur Hörbuchversion von „Alkohol hat mich belogen" verwende ich die Hypnose, um die sechs Schritte meiner Methode weiter zu vertiefen. Das tue ich, weil ich weiß, dass auch Ihr bewusstes Denken wie ein Wachhund reagiert. Der Postbote muss ihn zuerst ablenken, bevor er den Garten betritt, um die Post einzuwerfen. Im Verlauf des Buches habe ich direkt mit Ihrem Wachhund gesprochen, und Sie können nun entscheiden, alles anzunehmen oder es zu verwerfen. In der Hypnose gibt es das Problem nicht, da Ihr Unterbewusstsein jedes gesprochene Wort urteilsfrei annimmt.

Warten Sie bei der Hypnose nicht auf ein magisches Ereignis. Fordern und verlangen Sie nichts. Sie müssen nur hellhörig sein, um Ihr Ego zu ertappen, wie es versucht, Sie mit seinen sorgenvollen Gedanken aus dem gegenwärtigen Moment zu zerren. Natürlich wird das passieren, aber es muss und wird Ihnen sofort auffallen – Sie werden es beobachten und geschehen lassen und sich mit einem Lächeln wieder auf das Hier und Jetzt einstellen. Sie entspannen sich und lassen die Musik und meine Worte in sich sinken. Sie können dabei absolut nichts falsch machen – befreien Sie sich von allen Gedanken und Erwartungen.

Ein Teil der ängstlichen Bedenken dagegen, mit dem Alkohol Schluss zu machen, liegt darin, dass Sie nun ständig unter einem psychischen Juckreiz leiden und Sie nicht kratzen sollen. Alkohol trinken zu wollen, aber ihn nicht anrühren zu dürfen ist keine Heilung, sondern eine qualvolle und andauernde Schlacht gegen das Ego, die Sie auf lange Sicht unmöglich gewinnen können. Stellen Sie sich vor, Sie sind mit dem Alkohol so im Reinen, dass Sie aufrichtig auf ihn verzichten und seinen Geschmack nicht ausstehen können. Sollte Ihnen jemand unbedingt ein Glas in die Hand drücken wollen, werden Sie lieber die Gesellschaft wechseln, als auch nur daran zu nippen. Dieser Zustand ist möglich. Ich weiß das, denn ich habe diesen Prozess durchlaufen, den ich Ihnen beschrieben habe, und lebe diesen Zustand nun jeden Tag.

Am Schluss dieses Buches erzähle ich Ihnen ein letztes Erlebnis, bereits aus der Sicht eines Ex-Trinkers. Ich war zu Gast bei einer Hochzeit in einem wunderschönen Schloss im Nordosten von England. Alles war perfekt, der Bräutigam und seine Trauzeugen waren in elegante dunkle Anzüge gekleidet, trugen Handschuhe und Zylinder. Die Braut sah in ihrem cremefarbenen Hochzeitskleid bezaubernd aus.

Als die Braut von ihrem stolzen Vater zum Altar geführt wurde, konnte man ihr die Aufregung und Nervosität ein wenig ansehen. Sie sprach mit zittriger Stimme, Familie und Freunde schenkten ihr Blicke der Sympathie und Ermutigung. Während sich nach dem Gottesdienst die Freunde um das Paar versammelten, um es hochleben zu lassen, musste ich irritiert beobachten, wie der Organisator der Hochzeit der Braut hastig ein riesiges Glas Whiskey reichte, als müsste sie wegen eines Schlangenbisses sofort ein Gegengift einnehmen.

„Vergiss den Champagner, meine Liebe, jetzt ist die Zeit für etwas Härteres gekommen", sagte er und ermunterte die Braut, einen großen Schluck davon zu nehmen. Sie lächelte und bedankte sich herzlich.

Entschuldigen Sie! Wieso nimmt die Braut im vielleicht glücklichsten Moment ihres bisherigen Lebens, auf den sie sich vorbereitet und gefreut hat, Alkohol ein? Wieso sollte jemand, der bei Verstand ist, in dem Moment, wo alle Träume wahr werden, absichtlich ein Anästhetikum schlucken, das ihm die Fähigkeit nimmt, etwas wahrzunehmen? Das wäre wie wenn man bei einem Traumurlaub, für den man lange gespart hat und Tausende Kilometer weit gereist ist, sich nach dem Ausstieg aus dem Flugzeug eine Augenbinde anlegt und mit einem lauten „La, la, la" die Finger in die Ohren steckt.

Es gibt keine Situation, in der der Alkohol unsere Erfahrungen verschönern kann. Völlig einerlei, was mir das Leben heutzutage bringt, sei es ein fröhliches Fest oder eine Party mit Freunden oder auch Trauer und Schmerz über den Verlust eines geliebten Menschen – ich bin immer zutiefst dankbar, dass ich Alkohol weder brauche noch will, um die Situation nicht zu verkomplizieren. Egal wie schlimm es kommt, ich weiß, dass durch Alkohol alles nur noch schlimmer wird, und das ist wahrlich eine befreiende Erkenntnis.

Ich danke Ihnen, dass Sie „Alkohol hat mich belogen" gelesen haben, und hoffe, dass dieses Buch dieselben tiefgreifenden und nachhaltigen Auswirkungen hat wie bei mir. Machen Sie den nächsten Schritt in ein Leben, in dem Sie den Alkohol immer unter Kontrolle halten, und werden Sie exklusives Mitglied in meinem Online-Club auf www.CraigBeck.com

Kapitel 14: Das Unterbewusstsein neu programmieren

Wenn Ihnen dieses Buch gefallen hat, tun Sie mir bitte einen kleinen Gefallen. Die Wirkung meiner Arbeit zu kennen ist unentbehrlich für mich, und ich bitte Sie, dieses Buch zu bewerten und am besten auch zu rezensieren, wo auch immer sie es gekauft haben. Wenn Sie davon überzeugt sind, dass Ihnen das Konzept von „Alkohol hat mich belogen" geholfen hat, würden ich Sie bitten mitzuhelfen, es unter die Menschen zu bringen und es ehrlich zu bewerten.

Empfohlene Links

www.craigbeck.com : Craig Becks offizielle Webseite

www.alkoholhatmichbelogen.com

WEIGHT LOSS SECRETS OF A FORMER FATTY !

„Fettwanst Freitag"
Die Geheimnisse zur Gewichtsabnahme eines ehemaligen Dickerchens!
Craig Beck gehört zu den besttrainierten und gesündesten Menschen, die Ihnen jemals über den Weg laufen werden. Also warum ist gerade er weltweit bekannt unter der scherzhaften Bezeichnung „Fettwanst Freitag"?
In Wahrheit ist es deswegen, weil er genau das einmal war ... ein kolossaler Fettwanst! Bis er eines Tages sagte *Genug ist Genug* und den Kreislauf der Jo-Jo Diäten durchbrach, die ihn sein Leben lang plagten. Am Freitag, den 10. September 2010 stand er auf seiner Waage mit einem Gewicht von bedrückenden 114 Kilogramm. So schwer war er bis zu diesem Moment noch nie zuvor gewesen, lediglich das Hochsteigen einer kurzen Treppe verursachte ihm bereits Atemnot. Nur ein wenig mit seinen Kindern herumzutollen empfand er als extrem anstrengend, er fühlte sich wirklich elend.
Als ehemaliger Hypnosetherapeut wusste Craig, dass die Ursache für die Probleme eines Menschen in den funktionsgestörten Programmen des Unterbewusstseins lag, welche unser Unbehagen erschaffen. Während er ein System entwickelte, um seinen ständig wachsenden Körperumfang in den Griff zu bekommen, entdeckte er zwei Merkmale, die praktisch bei allen übergewichtigen Menschen anzutreffen sind.

114 Kilogramm   87 Kilogramm

Indem man diese zwei verdeckten Probleme eliminierte, konnte jedermann, ganz gleich wer das System anwendete, Gewicht verlieren. Und es kam noch besser, zu keinem Zeitpunkt war man während dieses Prozesses hungrig oder gereizt. In „Fettwanst Freitag" nimmt sich Craig kein Blatt vor den Mund, es ist ein Weckruf, der Ihr Leben für immer zum Besseren wendet.

- Die zwei Gründe, warum Sie übergewichtig sind.
- Warum bisher jede Diät versagte.
- Was Ihnen die Diäten-Industrie verschweigt.
- Die Geheimnisse, die nur schlanke Menschen kennen.
- Wie Sie Gewicht verlieren und sich dabei großartig fühlen, ohne jemals hungrig zu sein.
- Sie fühlen sich besser und gesünder, als Sie jemals für möglich gehalten haben.

114 Kilogramm　　　　　　　　　　　　87 Kilogramm

Schließen Sie sich dem „Fettwanst Freitag" Club an und entdecken Sie, warum Sie mit herkömmlichen fettarmen Diäten weiterhin fett bleiben. Die sind etwa genauso unlogisch, als wollten Sie einen Brand mit Flugzeugtreibstoff löschen. Der ist zwar auch nass wie Wasser, wird allerdings nicht das gewünschte Resultat bewirken.

114 Kilogramm   87 Kilogramm

Die Wahrheit: Fettarme Diäten eignen sich nicht zum abnehmen, Sie werden damit nur noch fetter und fühlen sich dementsprechend elend – treten Sie noch heute dem Club bei und erfahren Sie, was Ihnen die Diäten-Industrie bisher verschwiegen hat!

www.fatguyfriday.com

Das neue Selfpublishing-Portal **für AutorInnen und für LeserInnen. Seien Sie dabei!** Publizieren Sie als AutorIn in einem thematisch stimmigen Umfeld mit der Unterstützung eines erfahrenen Verlagshauses und entdecken Sie als LeserIn jeden Tag als erste/r neue Themen und Trends.

www.tao.de | info@tao.de

tao.de ist ein Tochterunternehmen der J.Kamphausen Mediengruppe

AURUM jkamphausen Lebensbaum Lüchow ① THESEUS

Weitere Bücher zum Thema

„M.A.C.H.T." – Christine und Robert Salopek

Tag für Tag umgibt uns die Kraft von Symbolen, in allen Bereichen des Lebens. Wie würden wir durch das Leben gehen, wenn es uns gelänge, sie als inspirierende Wegweiser in unserem gesamten Leben zu erkennen und zu nutzen? Dieses Buch enthüllt das Geheimnis um Symbole und Codierungen und bahnt damit einen Weg zurück zur ursprünglichen, jedem Menschen innewohnenden, eigenen Kraft.

Seitenanzahl: 264
Hardcover • ISBN 978-3-95529-000-9 • 34,99 €
e-Book • ISBN 978-3-95529-067-2 • 14,99 €

„Nimm dir das Leben" – Waltraud Bielefeldt

Als Michael Jackson 2009 an einer Überdosierung Propofol stirbt, gerät ein totgeschwiegenes Thema wieder ans Licht der Öffentlichkeit: Medikamentenabhängigkeit. Auch Waltraud Bielefeldt nimmt über 25 Jahre zahlreiche Mittel ein. Bis sie eines Tages erkennt: Die Spritze ist wie eine Dampfwalze, die alles an Gefühlen platt macht – auch die positiven.

Seitenzahl 212
Paperback • ISBN 978-3-95529-007-8 • 17,99 €
Hardcover • ISBN 978-3-95529-035-1 • 24,99 €
e-Book • ISBN 978-3-95529-036-8 • 8,99 €

„Die Weisheit des Wellenreiters" – Mr. Wilson

Unser Innerstes ist bereits frei! Diese so schlichte wie befreiende Wahrheit kann aber aufgrund von Vorstellungen und der Macht des konditionierten Denkens nicht erkannt werden. Mr. Wilson zeigt in jungen, heilsam-provokativen Worten, dass es sei dem Weg der Umkehr hin zum Surfen der Lebenswellen nicht um das Anhäufen von weiterem Wissen, sondern gerade um das radikale Aufgeben aller erfundenen Vorstellungen geht.

Seitenzahl 220
Paperback • ISBN 978-3-95529-054-2 • 19,99 €
Hardcover • ISBN 978-3-95529-052-8 • 24,99 €
e-Book • ISBN 978-3-95529-055-9 • 14,99 €

www.tao.de/publish/shop